생명을 살리는 직업 I
의사

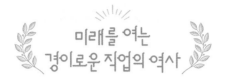

미래를 여는
경이로운 직업의 역사

생명을
살리는
직업 I
의사

박민규 지음

내가 정말로 원하는 직업은 무엇일까?

'선생님'이 되어 아이들을 가르치고 싶은 사람도 있고, '의사'가 되어 아픈 사람을 치료해 주고 싶은 사람도 있고, '경찰관'이 되어 범죄를 저지른 사람을 잡고 사람들을 돕고 싶은 사람도 있을 것입니다. 선생님, 의사, 경찰관이 '된다'는 것은 바로 선생님, 의사, 경찰관이라는 '직업을 가진다'는 의미입니다.

우리는 저마다 자신의 희망, 적성, 능력에 따라 직업을 가집니다. 직업이란 사람이 경제적 보상을 받으면서 자발적으로 하는 지속적인 활동입니다. 직업을 가지게 되면 기본적인 경제생활을 할 수 있는 소득을 얻고, 사회발전에 이바지할 수도 있고, 무엇보다도 자기가 가지고 있는 꿈을 실현할 수 있습니다. 그래서 한 사람이 살아가기 위해서는 '직업'을 가지는 것이 매우 중요합니다.

직업을 가지려면 먼저 그 직업이 하는 일은 무엇이며, 그 일을 잘하기 위해서는 어떤 능력이 필요하고, 사회에서 하는 역할이 무엇인지

아는 것이 중요합니다. 그래야 자신의 꿈을 이룰 수 있는 직업을 선택하고, 그 직업에 필요한 능력을 미리 갖출 수 있기 때문입니다.

　2021년 기준 한국에는 약 1만 7천여 개의 직업이 있고, 해마다 새로운 직업이 생겨나고 있습니다. 수많은 직업 중에서도 특히 많은 사람들이 관심을 갖는 직업들이 있습니다. 우리는 이 직업들이 처음에 어떻게 생겨났고, 시대의 변화에 따라 바뀐 점과 바뀌지 않은 점이 무엇인지 살펴볼 것입니다. 달라진 점을 살펴보면 그 직업이 앞으로 어떻게 변해 갈지를 예측해 볼 수 있습니다. 또한, 달라지지 않은 점을 바탕으로 그 직업의 진정한 의미와 가치를 찾아낼 수 있을 것입니다.

　이 책이 여러분에게 '내가 정말로 원하는 직업이 무엇인지' 생각해 보고, 미래를 준비하는 데 도움이 되기를 바랍니다.

인류의 생존을 위해
꼭 필요한 직업

 아프거나 다친 사람을 치료하고 보살피는 일은 인류의 생존을 위해 중요했기 때문에 10만 년 전도 더 전인 구석기 시대부터 '아픈 사람을 치료하는 일을 하는 사람'이 있었습니다. 역사가 흐르고 사회가 발전하면서 '치료하는 일'은 여러 분야로 나뉘며 매우 복잡해졌고, 그래서 이 일을 직업으로 삼으려면 높은 수준의 지식과 기술이 필요하게 되었습니다. 또한 크게 발전된 과학 기술이 '치료하는 일'에 도입되면서 예전에는 고치기 힘들었던 병도 치료할 수 있게 되었고, 치료와 관련된 새로운 직업도 많이 생겨났습니다.

 이 책에서는 사람의 병을 치료하는 직업으로 '의사'와 마음의 병을 다스리는 '정신건강의학과 의사', 이와 입안을 치료하는 '치과 의사'라는 직업이 언제, 어떻게 탄생해서 오늘에 이르렀는지 직업의 역사를 알아보고, 미래에는 어떻게 달라질지를 살펴봅니다.

 이를 통해 각각의 직업이 하는 일의 본질이 무엇이고 시대에 따라

겉으로 드러난 모습은 무엇인지, 변한 것은 무엇이고 변하지 않는 것은 무엇인지, 인류 발전에 어떻게 이바지해 왔는지를 이해한다면 '치료하는 일'과 관련한 직업을 지금까지와는 다른 시각에서 볼 수 있을 것입니다. 또한 현재와 미래를 살펴 그 직업에 필요한 자질이 무엇이고 어떤 준비를 해야 하는지, 앞으로 어떤 발전 가능성이 있는지도 알 수 있을 것입니다.

무엇보다도 책을 읽는 청소년들이 직업의 본래 의미를 이해해서 앞으로 어떤 직업을 선택하든지 자기가 하는 일에 보람을 느끼고 즐겁게 살아가기를 기대합니다.

1부

몸의 병을 치료하는 사람, 의사

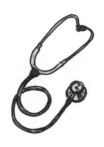

선사 시대에 등장한
최초의 치료자들

선사 시대에는 병을 고치려면 신에게 비는 것 외에는 방법이 없었다. 그래서 신과 인간을 연결하는 사제가 의사 역할을 했다. 그러다 지식과 경험이 쌓이면서 인류는 점차 주문이나 기도가 아닌 약물과 외과 수술을 통해 병을 치료하기 시작했다.

최초의 의사

동굴 벽화에 등장한 최초의 치료하는 사람

아프리카 남부 지역에 있는 동굴과 바위에서 지금으로부터 약 7만 년~10만 년 전에 살던 인류가 그린 구석기 시대 벽화가 발견되었다. 여기에는 아픈 사람을 치료하는 주술사shaman가 등장한다. 주술사는 환자를 치료하기 위해 춤을 추고, 질병을 몰아내는 힘을 가진 노래를 불렀고, 환자 주위를 둘러싼 여러 사람도 함께 손뼉을 치며 노래했다. 질병은 나쁜 영혼이 사람을 공격하는 것이고, 주술사는 이를 물리칠 수 있는 강력한 힘을 얻기 위해 동물 가죽을 뒤집어쓰기도 했다. 이 벽화뿐 아니라 1만 5천 년 전에 그려진 프랑스 남서부 동굴 벽화에도 반은 동물이고 반은 사람인 주술사가 등장하는데, 이들이 바로 최초의 치료하는 사람healer, 의사이다.

흔히 부시맨으로 알려진 아프리카 남부의 산(San)족 벽화에 나타난 치료 장면으로, 환자 앞에 무릎을 꿇고 있는 주술사를 둘러싸고 사람들이 춤추고 있다. 흩어진 화살은 질병을 상징하는 것으로 보인다(왼쪽). 산족 벽화 그림에 나타난 주술사는 반은 사람 반은 짐승의 모습을 하고 있다(오른쪽).

머리에 구멍을 뚫은 흔적, 천두

8천~9천 년 전 인류의 유골에서 질병을 고치기 위해 몸을 째거나 자른 흔적을 볼 수 있다. 한 프랑스 유적지에서 구멍이 난 사람의 두개골이 여러 개 발견되었다. 두통이나 정신병에 시달리는 환자를 사로잡은 악령을 몰아내려고 머리에 구멍을 뚫었을 거라고 짐작하지만, 실제로 질병이나 상처로 인해 뇌가 받는 압력을 줄여 주는 효과도 있었을 것이다. 두개골을 잘 살펴보면 수술 후에 살아남은 사람도 있었다는 걸 알 수

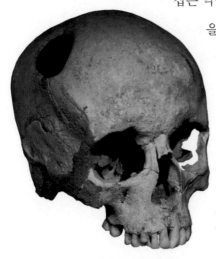

머리에 구멍이 뚫린 신석기 시대 유골. 뚫린 부위 주위에 뼈 조직이 자란 흔적이 있어서 수술 후에도 살아남았을 것으로 추측한다.

있다. 구멍이 뚫린 두개골은 유럽뿐만 아니라 시베리아와 중국, 남아메리카 대륙에서도 발견되었다.

사제 의사 priest-physician

선사 시대에는 사람이 아픈 것은 몸에 악마나 악령이 들어와서, 혹은 신이나 하늘로부터 벌을 받았기 때문이라고 생각했다. 그래서 이당시의 치료란 악마를 몰아내거나 하늘에 용서를 비는 것으로 주술사나 무당, 제사장, 사제 등 하늘 혹은 신과 소통할 수 있는 특수한 사람이 담당했다. 치료 방법은 춤을 추거나 노래하고, 주문을 외우거나 특수한 힘이 실린 물건(부적)을 몸에 지니게 하는 것이었다. 치료하는 사람의 지위는 매우 높았다. 이들은 보통 사람과 다른 신비로운 존재로, 아무나 치료하는 사람이 될 수 없었다. 치료자가 되기 위해 받는 훈련은 몇몇 후계자에게만 비밀스럽게 전해졌다.

시간이 흐르면서 병을 치료하는 합리적인 방법이 사용되었다. 약초 herb를 이용해서 병을 치료하기 시작했는데, 사제 의사는 약초를 캐러다니거나 밭을 만들어 직접 키웠고, 약을 만드는 일도 했다. 이 일은 나중에 다른 전문 직업인 '약사'로 발전한다. 때로는 병든 사람으로부터 악령을 몰아내기 위해 꼼짝 못하게 누르거나, 냄새나는 연고를 바르고 팔과 다리를 꺾기도 했는데 이 방법은 점차 마사지 기술로 발전하였다.

고대 문명의
의술과 의사

● 이집트 문명

치료 방법을 기록하다

물이 풍부해서 농사짓기 좋고, 교통이 편한 큰 강 주변에서 인류의
문명이 탄생했다. 티그리스강과 유프라테스강 주변의 메소포타미아
문명, 나일강 주변의 이집트 문명, 인더스강 유역에서 발생한 인더스
문명, 황허강 유역에서 등장한 황허 문명을 4대 문명이라고 한다. 이
런 지역에서는 사람들이 모여 사는 도시가 발전했고, 금속 도구와 문
자를 이용했다. 문자를 써서 말로만 전해지던 주술사의 기도, 치료를
위한 처방과 기술 등을 기록했다. 지금 이라크 남부 지방인 메소포타
미아 문명의 수메르Sumer 지역에서 기원전 3천 년 무렵 병을 치료한

기록이 발견되었는데, 이 기록에는 주로 먹는 약을 이용한 치료법이 남아 있다. 사제 의사는 주문이나 기도, 약물을 이용한 치료를 중요하게 생각했고, 사람의 신체를 자르거나 꿰매는 외과 수술은 수준 낮은 기술로 여겼다.

이집트의 의술과 의사

이집트의 의술은 다른 지역의 고대 문명보다 잘 알려져 있다. 19세기 말에 발견된 파피루스에는 치료에 사용된 500여 가지 물질과 800종류가 넘는 처방 기록이 남아 있기 때문이다. 또 지금까지 남아 있는 미라를 통해 당시 질병과 치료 방법, 특히 외과 수술의 흔적을 알아낸 덕분이다. 지금까지 이름이 전해지는 의사도 있다. 기원전 3천 년경 고대 이집트 왕국의 의사 세헤테나낙Sekhetenanach이 이집트의 통치자인 파라오의 코를 치료했다는 기록이 조각에 남아 있다. 위대한 학

기원전 1550년경 쓰인 700여 가지의 마법 주문과 질병 진단법, 치료법과 약초에 관한 지식이 담겨 있는 에베르스 파피루스(왼쪽), 기원전 1600년경 쓰인 상처와 골절 등에 대한 외과적 치료 방법에 대한 내용이 담겨 있는 에드윈 스미스 파피루스(오른쪽)

자이자 정치가, 그리고 건축가로 이집트에서 가장 오래된 계단식 피라미드를 설계한 임호테프는 의사로도 유명했다.

이집트 의사는 치료법을 기록해서 신전에 보관했는데, 사제 의사들만이 엄격한 규칙을 따라 꺼내 볼 수 있었다. 치료하다가 환자가 죽는 경우라도 책에 나온 대로 치료했다면 의사는 책임이 없었지만 정해진 방법을 따르지 않으면 의사를 사형에 처하기도 했다.

치료하는 사람은 계급이 명확히 나뉘어 있었다. 사제는 가장 높은 계급으로 모든 의학 서적을 볼 수 있고, 의학 지식이 있든 없든 환자를 치료할 수 있었다. 의사는 그다음 계급으로, 약물과 수술로 환자를 치료할 수 있었다. 세 번째 계급은 주문을 외는 방법으로 치료하는 마술

사였다. 치료자들을 돕는 일은 노예가 했다.

이들은 때로 귀한 동물을 치료했는데, 근대에 와서 동물을 치료하는 수의사가 전문 직업으로 등장하기 전에는 의사가 동물을 치료하기도 했다.

계급에 따라 다른 의사가 치료

이집트의 의학은 대부분 귀족이나 고위층을 위한 것이었다. 왕실 주치의로 파라오를 치료하는 의사도 있었는데, '왼쪽 눈 담당 의사', '오른쪽 눈 담당 의사' 하는 식으로 치료 분야를 아주 자세히 나누었다. 신전에 많은 돈을 기부하는 부유층은 고위 사제가 직접 치료했다.

이집트 의사들은 피 뽑기, 관장(항문에 액체를 주입해 배설하게 하는 치료) 같은 치료법을 사용했다. 약을 만들 때는 중국이나 인도에서 수입한 약초뿐 아니라 사람의 오줌, 파리와 악어의 똥과 같은 물질도 사용했다.

반면 가난한 환자들은 낮은 계급의 의사인 마술사에게 치료받았다. 신전으로 환자를 보내면 마술사가 주문을 외고 부적을 쓰고 마사지를 했다. 당시 피라미드를 짓는 것 같은 큰 규모의 건축 현장에는 수많은 노동자가 함께 생활했다. 이런 곳에는 여럿이 모여 있어서 생기는 위생과 건강 문제를 관리하는 의사도 있었다.

임호테프의 '사원에서 잠자기'

임호테프가 개발한 치료법은 이집트 의학의 상징이 되었다. 사원에 찾아온 환자가 먼저 마약 성분이 들어간 약물을 먹고 잠이 들면 그 사이 사제는 종교 의식을 진행했는데, 한숨 푹 자고 일어난 환자가 건강을 회복하는 경우가 종종 있었다. 나중에 이집트 의사들은 임호테프를 신으로 떠받들었고, 후에 기독교가 지배하던 시대에도 임호테프를 모신 신전이 있었다.

이집트의 의학 수준은 당시 세계 최고였다. 많은 환자가 이집트로 몰려들었고, 이집트 출신 의사들은 다른 나라 왕실에 초청되어 좋은 대접을 받았다.

이집트 피라미드의
건축가이자 내과 의사였던
임호테프

● 메소포타미아 문명

바빌로니아의 의학

바빌로니아Babylonia는 기원전 23세기경 메소포타미아 지역에 세워진 고대 왕국이다. 이 당시 사람들은 죄를 지으면 '신'이 그 사람에 대한 보호를 잠시 멈춰 병이 생긴다고 믿었다. 별을 관찰하거나 동물 내장의 생김새, 꿈 등을 해석하고, 환자의 표정, 소변이나 침, 피 색깔을 관찰해서 질병을 진단했다. 주로 부적이나 기도, 주문 등으로 치료했지만, 약물도 사용했다. 지금까지 전하는 간이나 눈, 호흡기, 열병 등에 관한 증상과 치료법에 대한 기록을 보면 의학 수준이 상당히 높았을 것이라 짐작한다.

환자의 치료비와 의료 사고 처벌

기원전 1763년 메소포타미아 일대를 통일한 함무라비(기원전 1810~기원전 1750) 왕은 나라를 다스리는 기본법인 함무라비 법전을 만들었다. 이 법전에는 의사가 환자로부터 받는 돈과, 치료하다 사고가 났을 때 받는 처벌이 자세히 기록되어 있다. 환자의 신분이 높을수록 더 많은 치료비를 받았다. 수술을 받은 환자가 귀족이면 치료비로 은 10세겔(1세겔은 약 11.42g)을 냈고, 평민은 5세겔, 노예는 2세겔을 냈다. 일반 노동자의 한 달 월급이 7~8세겔 정도였다고 하니, 치료비는 지금에 비해 비쌌다. 만일 의사가 수술하다가 사람을 죽게 하거나 눈을 멀게 하면 손을 잘랐는데, 노예가 죽은 경우에는 주인에게 노예값을 물어 주면 되었다. 당나귀나 소를 치료하고 받는 치료비와 짐승을 치료하다 죽게 했을 때 주는 배상금도 정해져 있었다.

● 인더스 문명

환자를 관찰하고 치료 기록을 남기다

지금의 인도 북서쪽 인더스강 유역에서도 주요한 문명이 발전했다. 이 지역은 서쪽에서는 이집트, 동쪽에서는 중국으로부터 의학을 받아들여 자신들만의 의학을 꽃피웠다. 인도에서도 처음에는 주술이나 마술에 의지하고 부적이나 주문을 사용해 환자를 치료했지만, 얼마 지나지 않아 합리적인 치료법을 쓰기 시작했다. 이집트와 달리 인도 의사들은 의학책보다는 환자를 관찰하고 치료한 기록을 중요시했다. 비슷한 증상도 원인은 다를 수 있다는 것을 알아내어 병을 자세히 분류했다. 귓병만 해도 20여 가지로 나눴고, 뱀에 물린 상처를 치료하는 여러 가지 방법을 찾아냈다. 게다가 전염병을 모기나 쥐가 옮긴다는 사실도 알고 있었다. 19세기가 되어서야 다른 지역에서 비로소 사용하게 된 외과 수술 기법을 벌써 시행할 정도였다.

수술 방법의 발전

외과 치료는 다른 전통에서 발전했다. 인도말로 수술을 '살리아'라고 한다. '살리아'에는 '화살'이란 뜻도 있는데, 군대를 따라다니며 전쟁에서 다친 군인을 치료하던 외과 의사와 관계가 깊다.

1세기 무렵이 되면 외과 수술은 인도 의학에 완전히 자리 잡았다. 몸의 각 부분을 서로 다른 의사가 치료하고, 수술을 천한 기술로 여긴 이집트나 바빌로니아와는 달리, 인도 의사는 모든 병을 치료하고 외과 수술도 했다. 인도의 고대 의학책 『수슈루타 상히타』를 쓴 의사 수슈루타는 약을 사용하는 내과 치료와 수술을 하는 외과 치료를 새의 두 날개에 비유해 '한 가지 분야만 아는 의사는 한쪽 날개로만 날아가 수슈루타가 쓴 고대 인도의 의학책 『수슈루타 상히타(Sushruta Samhita)』에는 심장병, 피부병, 산부인과 질환 등에 관련해서 상당히 높은 수준의 외과 수술법이 포함되어 있다(왼쪽). 인도의 전통 치료에 사용한 20종의 주요 외과 도구와 101종의 보조 도구 그림(오른쪽).

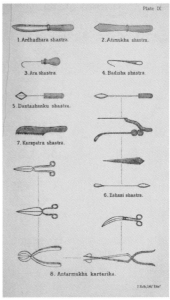

는 새'라고 했다. 인도의 의사는 120여 종이 넘는 도구와 알코올 같은 진통제를 사용했고, 다양한 수술 방법을 동원해 환자를 치료했다.

해부학 연구를 하다

인도 의사들은 사람의 몸을 해부하는 특별한 방법을 고안했다. 죽은 사람의 몸에 칼을 대서 훼손하는 것은 전 세계 대부분의 문화에서 금지했으며 인도도 마찬가지였다. 하지만 인도 의사는 다른 방법을 찾았다. 죽은 시신을 풀로 엮은 자루에 넣어서 사람이 오지 않는 한적한 곳의 강물에 담가 두었다. 일주일쯤 지나 피가 전부 빠져나가 시신이

깨끗해지면 대나무 솔로 피부를 벗겨 내고 인체의 내부 구조를 연구했다. 이런 방법 덕분에 당시 인도 의사는 세계에서 가장 뛰어난 해부학 지식을 얻을 수 있었다.

합리적인 의학

인도의 의사들은 신이나 악마 때문에 질병이 생기는 것이 아니라 설명할 수 있는 원인이 있다고 생각했다. 그래서 환자를 치료할 때 1) 환자가 정말 아픈 것인가, 아니면 아픈 것처럼 보이는 것인가? 2) 정말 아프다면 어디가 아프고 원인은 무엇인가? 3) 의사가 치료할 수 있는 병인가? 4) 치료할 수 있다면 어떤 방법이 적당한가? 같은 네 가지 질문을 차례로 던지고 답을 구했다. 열, 설사, 기침, 궤양, 종기, 폐 질환 등은 치료 가능한 질병이었다. 치료할 때에는 기도나 요가와 같은 방법도 동시에 사용했다.

인도에서도 의사의 치료는 주로 상류 계층을 위한 것이었고, 하층 계급 출신은 의사가 되지 못했다. 의사 지망생은 보통 12세가 되면 스승을 모시고 공부를 시작했다. 학생은 책을 보고 공부하면서 수술 기구 사용법과 치료법을 익히고, 스승이 치료하는 것을 보면서 6년 정도 배웠다. 호박이나 멜론을 이용해서 절개하는 법을, 가죽을 이용해서 꿰매는 법을 연습했다. 의사는 전부 남성이었고 환자도 대부분 성인 남성이었다. 어린이나 여성은 집에서 조산사의 도움을 받아 병을 치료했다. '조산사'는 여성이 아이 낳는 것을 돕고, 아이를 낳은 여성의 건강을 돌보는 일을 하는 사람이다.

좋은 의사가 되기 위해서는 젊고, 체력이 뛰어나고, 청결하고, 자제력이 강해야 했다. 당시는 질병을 진단하거나 치료하는 도구가 발달하지 않아서 의사는 눈으로 환자를 관찰하고, 코로 냄새를 맡고, 때로는 분비물을 맛보고 질병 여부를 판단해야 했다. 그래서 의사는 감각도 뛰어나야 했다. 의사의 지위는 높았고, 사회적으로 존경받았다. 고위 의사는 왕실 전속 주치의로 일했고, 가난한 사람은 민간에서 전해지는 방법을 사용하는 무당이나 마술사의 치료를 받았다.

인도 의사들에게는 "아픈 사람을 위해 목숨까지 버릴 각오로 헌신해야 한다", " 환자의 사생활은 누구에게도 이야기하지 않는다"와 같은 윤리 규정이 있었는데, 그리스의 히포크라테스 선서와 유사했다.

불교의 발전과 병원의 변화

기원전 6세기, 인도의 고타마 싯다르타가 창시한 불교는 인도 전역에 퍼졌다. 불교는 불쌍한 사람을 가엽게 여기고 돕는 '자비'를 가장 중요하게 생각했기 때문에 부유한 불교 신자들은 가난한 사람을 위한 병원을 만들었다. 이 병원에는 의사와 의사를 돕는 직원, 자체적으로 약초를 기르는 농장이 있었고, 사람뿐 아니라 동물도 치료했다. 불교 신자들은 인도뿐 아니라 스리랑카와 페르시아 등지에 병원을 세웠다.

● 황허 문명

고대 중국 문명의 의학과 의사

중국 고대 문명에서도 종교와 치료는 뗄 수 없었다. 하늘에 제사 지내고 기도하는 주술사가 아픈 사람을 치료했다. 그러다가 점차 자연 현상에 대한 이해가 깊어지고, 약물에 대한 경험이 쌓이면서 제사와 치료는 구분되기 시작했다.

고대 중국의 통치자 중 '신농'은 "풀의 성질을 알아내고 맛봐서 먹어도 되는 것과 아닌 것을 구분하고, 아홉 가지 침鍼을 만들어 일찍 죽는 사람을 구했다"라고 한다. 다른 통치자인 '황제'는 신하들과 의학의 이치를 주제로 토론하고, 그 내용을 모아 『황제내경』을 썼다고 전해진다. 『황제내경』은 중국 의학의 체계를 만든 책으로, 실제로 황제가 쓴 것이 아니라 오랜 시간 동안 많은 의학자가 썼는데 황제의 이름을 빌려 권위를 얻으려 한 것이다. 전통 한의학에서는 요즘도 『황제내경』을 연구하고 있다.

황제와 신하들이 문답하는 형식으로 된 의학서 『황제내경』을 썼다고 알려진 황제의 모습

지금 의학, 의사, 의술 등에 쓰는 '의' 자는 한자로 '醫'이다. 그런데 중국의 고대 문자인 갑골문자를 보면 '의' 자는 화살(矢) + 몽둥이(殳) + 무당(巫)의 조합이다. 무당이 화살과 몽둥이로 질병 귀신을 쫓는다는 의미다. 하지만 나중에 이 글자는 화살(矢) + 몽둥이(殳) + 술이나 국물(酉)로 바뀐다. 이는 무당 대신 약물을 사용한다는 뜻으로 해석할 수 있는데, 제사와 치료가 구분되었음을 보여 준다.

독특한 치료 방법, 침과 뜸

고대에는 뾰족한 돌을 곪은 부위를 터트리거나 상처 부위를 째는 데 사용했다. 처음에는 깨진 돌 조각을 쓰다가 점차 돌 조각을 뾰족하게 갈았다. 나중에 금속 도구를 사용하게 되면서 쇠로 바늘을 만들어 치료에 사용했는데, 이것이 '침'이다.

또한 돌멩이를 뜨겁게 달궈 아픈 부위에 대어 상처를 치료하기도 했다. 이것은 나중에 쑥 같은 약초를 빚어 신체 부위에 붙인 후 불을 태우는 치료법인 '뜸'으로 발전했다. 침과 뜸은 계속 발전하고 전해져서 지금도 동양 의학에서 중요한 치료 방법으로 사용된다.

의사 제도가 만들어지다

기원전 11세기, 중국에 세워진 주 왕조 때 의학과 무속이 본격적으

침을 놓을 때 쓰는 아홉 가지 침(왼쪽)과 뜸으로 치료하는 모습(오른쪽)

로 분리되기 시작했다. 점차 질병의 원인이 귀신의 장난이나 하늘의 뜻이 아니라는 합리적인 사고가 자리 잡았다. 약에 대한 지식이 풍부해지면서 새로운 약물이 등장했고, 의학 이론도 발달했다. 질병을 미리 막아서 건강을 지키는 예방 의학이 나타났고, 국가에서 관리하는 의료 제도와 의학을 전문으로 하는 의사도 나타났다.

'의사'는 질병과 치료에 관한 모든 일을 책임지는 왕실 소속 관리였고, 그 아래에는 의료 일을 하는 30명의 하급 관리가 있었다. 10명을 치료해 10명을 고치는 의사는 '상의', 뛰어난 의사로 평가했고, 10명 중 6명을 치료하면 '하의'로 낮게 평가했는데, 그 결과에 따라 봉급이 달라졌다. 의사 밑에는 전문 분야에 따라 왕이 먹는 음식을 담당하는 식의, 백성의 질병을 치료하는 질의, 부스럼이나 종기를 째서 치료하는 상의, 가축의 질병이나 종기를 치료하는 수의가 있었다.

• 고조선

단군 신화에 드러난 우리나라의 고대 의학

고조선의 건국 신화에 따르면 천제인 환인의 아들 환웅이 비, 구름, 질병을 다스리는 신하와 함께 땅으로 내려왔다. 환웅은 곰이었다가 인간으로 변신한 웅녀와 결혼했고, 그들 사이에서 고조선의 시조인 단군이 태어났다.

환웅은 사람이 되고 싶었던 곰과 호랑이에게 100일 동안 쑥과 마늘을 먹게 했는데, 호랑이는 기한을 채우지 못하고 도망갔지만 곰은 끝내 견디고 사람이 되었다. 쑥과 마늘은 약초였고, 사람이 되었다는 것은 질병이 치료된 것으로도 해석할 수 있다.

고조선은 중국과 국경을 마주하면서 의학 교류를 했는데, 토사자라는 식물 뿌리나 지네 같은 약으로 쓰이는 벌레를 수출했다. 오래된 집터 유물에서 약초 씨앗이 발견된 것으로 미루어 보아 약물을 이용한 치료도 했을 것이다.

합리적 의술이
시작되다

유럽의 지중해를 중심으로 발전한 그리스와 로마에서 본격적으로 의학이 발달했다. 초창기에는 신전에서 신의 힘을 빌려 병을 낫게 하려 했지만, 점차 병의 원인을 찾아 치료하기 시작했다. 세계적인 도서관이 있었던 알렉산드리아에서는 해부학이 발달했고, 의학의 아버지 히포크라테스와 갈레노스가 활동했다. 하지만 기독교의 박해로 의사들이 이슬람 지역으로 망명하면서 이슬람교 영향권 아래 있는 지역에서 의학이 꽃피며 알라지와 이븐 시나 같은 위대한 의학자를 배출했다.

인도와 동아시아에서도 자기만의 색을 가진 다양한 의술이 발달했다. 특히 인도에서는 불교 병원이 번성했고, 중국에서는 의학의 성인 장중경과 외과의 시조 화타가 활동했다. 우리나라는 중국과 교류하며 의학을 발달시켰다.

질병의 원인을 탐구한 고대 그리스·로마

종교에서 벗어나 과학으로

유럽의 지중해를 중심으로 그리스 · 로마 문명이 발전했다. 기원전 8세기경 그리스 지역에는 '폴리스'라고 불리는 도시 중심의 여러 국가가 있었다. 도시 국가 사이에는 자주 전쟁이 일어났고, 군대를 따라다니며 다친 병사를 치료하는 의사가 있었다. 이들은 종교 의식 대신 실제 부상 치료에 실력을 발휘했지만, 사제 의사보다 낮은 지위의 육체노동자로 취급받았다.

그리스 의학은 이집트, 바빌로니아, 인도의 의학을 받아들여 발전했다. 의사를 길러 내는 학교는 없었지만 의술에 뛰어난 전문가가 있었고, 이들은 교류하면서 지식을 나누었다. 전문가를 선생으로 삼아 배우고자 하는 학생이 모여들었다. 학생은 수강료를 내고 선생을 따라

트로이 전쟁의 영웅 아이네이아스의 넓적다리
에서 화살을 빼는 모습을 그린 벽화

다니며 배웠는데, 때로는 치료하는 것을 옆에서 돕거나 치료 실습을 하고, 환자가 병에서 회복되는 경과를 관찰했다. 의사가 되기 위한 자격증이나 면허는 따로 없어서 배우고 나서 스스로 환자를 치료하면 의사였다. 다만 여자는 의사가 될 수 없었다. 철학이나 자연 과학을 가르치는 학교에서 학자가 의학을 가르치고 연구하기도 했지만, 이들은 환자를 직접 치료해 본 경험이 없었다.

환자를 찾아다닌 그리스의 의사들

그리스에서는 의사를 '이아트로스(치료하는 사람)'라고 불렀다. 이들은 내과 치료와 외과 치료를 모두 했으며, 도시를 떠돌아다니며 환자를 치료했다. 마을 광장에 작은 부스를 차려 놓고 환자를 진찰하거나 치료하는 의사도 있었다. 같은 광장에 의사가 여럿 있어서 환자는 마음에 드는 의사를 골랐다. 환자를 끌어오기 위해 의사끼리 경쟁도 치열했고, 때로는 작은 공연을 해서 관심을 끌기도 했다.

귀족이나 부유층 출신의 의사 또는 외국에서 들어온 유명한 의사는 환자를 자기 집에서 치료했고, 치료가 오래 걸리는 환자는 마치 병원 입원실처럼 그 집에서 먹고 자면서 회복할 때까지 머물렀다. 아주 뛰어난 의사는 도시에서 '공공 의사'로 채용했는데, 이들은 시민이 내는 세금에서 봉급을 받고 따로 진료비를 받지 않았다.

경치 좋은 곳에 자리잡은 아스클레피오스 신전

고대 그리스에는 '신'이 많았다. 제우스나 포세이돈, 헤라, 아폴론 같은 열두 명의 주신 외에도 수많은 신이 있었는데, 이들은 저마다 맡은 임무가 있었다. 그리스 의사는 아폴론의 아들인 '아스클레피오스'를 의학의 신으로 삼고 신전을 지었다. 기원전 4세기에는 그리스 전역에 400개가 넘는 신전이 생겨났고, 아스클레피오스 신전은 그리스 의료 체계의 바탕이 되었다.

아스클레피오스 신전은 주로 경치 좋은 언덕에 자리 잡고 주위에 목욕탕, 운동장, 정원, 극장 시설을 갖추고 있어서, 요즘의 고급 리조트와 비슷했다. 신전에 찾아온 환자는 먼저 목욕을 하고, 마사지를 받은 후 흰 가운으로 갈아입고 신전에 제물을 바치거나 돈을 냈다. 그다음 음악이 흐르고 좋은 향기가 나는 방의 긴 의자에 누워 잠이 오게 하는 약초가 들어간 차나 음료를 마셨다. 환자가 잠에 빠져들면 신처럼 차려입은 의사와 조수가 등장해 치료하는 의식을 했다. 때로는 뱀을 가지고 와서 환자의 상처 부위를 핥게 했다. 뱀은 아스클레피오스를 상

징하는 동물로, 그가 가지고 다니는 지팡이를 감고 있다. 이 지팡이는 지금도 의학의 상징으로 쓰인다.

치료비는 사원에 내는 기부금이었다. 치료비는 경제적 수준에 따라 달랐고, 한꺼번에 다 지불하기 힘들면 여러 차례 나눠 내기도 했다. 의사는 치료비를 제대로 내지 않으면 치료 효과가 사라진다고 겁을 주

기도 했다. 하지만 의사는 가난한 사람들을 무료
로 진료하기도 했다.

아스클레피오스 신전은 치료 효과가 크다
고 자랑했지만, 사실 심한 병을 앓는 환자나
임산부는 아예 받지 않았다.

병의 증상과 경과를 기록하다

신전 소속 의사는 매우 인기 있었다. 하지만 의학
발전은 일반 사회에서 활동하는 의사들이 이끌었다.
이들은 질병의 합리적인 원인을 탐구했다. 선사 시
대에는 질병의 원인을 신의 벌이나 악마의 저주와
같은 초자연적인 것으로 생각했다. 그래서 하늘에
제사를 지내 하나의 원인만 없애면 모든 질병의
증상이 없어진다고 믿었다.

뱀이 감긴 지팡이를 짚고 있는
아스클레피오스 조각상. 뱀이 감긴
지팡이는 종종 의사협회 로고에
사용된다.

하지만 다양한 증상이 서로 다른 원인에 의해 생겨난다고 생각한
그리스 의사들은 각각의 원인과 치료 방법을 찾았다. 환자를 치료하
면서 병의 증상과 경과를 기록하기 시작한 그리스 의사들은 혈관을
봉합하는 등 인도 의사들과 같은 수술 기법을 사용하기도 했다.

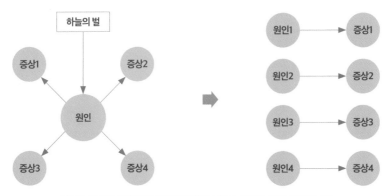

질병과 증상에 대한 고대의 생각(왼쪽)과 그리스 시대에 바뀐 생각(오른쪽)

히포크라테스 전집과 선서

히포크라테스(기원전 460?~기원전 377?)는 '의학의 아버지'라고 불리는 고대 그리스의 의사이다. 의학에 대해 모르는 사람도 이름을 들어 봤을 정도로 유명하지만, 실제 히포크라테스에 대해 알려진 것은 별로 없다. 그가 살았던 시대의 철학자 플라톤이 쓴 책『대화편』에 히포크라테스가 기원전 5세기경 태어난 유명한 의사이자 의학자였다는 정도만 나와 있다. 오늘날에 히포크라테스 전기라고 알려진 것은 그가 죽은 후 200여 년이 지나서 쓰인 것이라, 당시 전해지는 이야기를 섞어 만든 것으로 생각된다. 기원전 3세기에는 히포크라테스의 글 60편을 모은 『히포크라테스 전집』이 나왔지만, 사실 이 책은 히포크라테스가 다 썼다기보다 히포크라테스와 후대 의사들의 성과를 모은 것으로 보인다.

고대 그리스 의학을 집
대성한 히포크라테스
(왼쪽)와 히포크라테스
선서가 적힌 파피루스
(오른쪽)

『히포크라테스 전집』은 이후 서양 의학의 뼈대가 되었으며, 이 가운
데 한 편이 의사가 지켜야 하는 의무와 책임을 담고 있는 '선서'로, 오
랫동안 서양 의사 직업 윤리의 기초가 되었다. 이 선서의 주된 내용은
환자의 건강을 이롭게 하며, 환자에게 해를 끼치지 않고, 환자의 비밀
을 지키고, 스승을 존경하고, 의술을 후대에 전한다는 것으로, 인도와
이집트에도 비슷한 내용의 맹세가 있었다. 선서의 내용은 시대에 따
라 조금씩 바뀌었는데, 우리나라 의사는 1948년 제네바 세계의사협회
에서 변경한 내용을 따른 선서를 한다.

수준 높은 알렉산드리아의 의학

기원전 4세기 이후 그리스는 지중해 전역으로 세력을 확장했고, 기원전 3세기 무렵에는 알렉산더 대왕의 이름을 딴 이집트 북부의 도시 알렉산드리아가 의학의 중심이 되었다. 알렉산드리아 도서관에 딸린 의학 학교에는 전 세계의 유명한 의사와 학생이 모여들었다. 당시의 알렉산드리아는 의학뿐 아니라 모든 학문과 지식의 수도였다.

알렉산드리아가 이름을 떨치면서 의사들이 처방전을 쓸 때 이집트 말을 몇 개 섞는 것이 유행했다. 알렉산드리아의 명성은 오랫동안 계속되어 18세기에도 유럽의 돌팔이 의사들은 '이집트에서 온 만병통치약'이라고 이름 붙은 약을 팔았다.

알렉산드리아는 해부학이 특히 유명했다. 대부분 지역에서 사람의 신체를 해부하는 것은 금지되어 있어서 의사는 동물을 해부해서 얻은 지식으로 사람의 신체 구조를 짐작했다. 하지만 알렉산드리아에서는 기원전 300년 무렵부터 사람을 해부할 수 있었다.

알렉산드리아의 의사 헤로필로스(기원전 335~기원전 280)와 에라시스트라투스(기원전 304~기원전 250)는 시체는 물론 살아 있는 사람도 해부했다고 전해진다. 당시 왕은 범죄자를 산 채로 해부하도록 허가했고, 때로는 모두가 보는 앞에서 해부하기도 했다. 여기서 얻은 지식들은 모두 알렉산드리아 도서관에 보관되었지만, 로마의 점령 이후 도서관이 파괴되면서 같이 사라져 지금은 전해지지 않는다.

거대한 로마 제국과 외국인 의사

기원전 8세기경, 이탈리아반도 중부 라티움 지방에 세워진 로마는 풍부한 자원과, 바다와 내륙으로 이어지는 지리적 이점을 활용해 이탈리아반도를 통일하고 지중해 전역과 유럽 내륙 지역까지 아우르는 거대한 제국으로 성장했다. 하지만 초기 로마에는 전문 치료사가 없어 저마다 집에서 환자를 돌보았다. 기원전 293년에는 전염병이 유행했는데, 민간 처방은 효과를 보지 못해서 로마인들은 그리스 아스클레피오스 신전의 의사들에게 도움을 요청해야 했다.

기원전 146년 로마가 그리스를 점령하자 그리스 의사들이 로마로 옮겨 가기 시작했다. 로마는 의술에 대한 전통이 없었기 때문에 의사는 대부분 외국인이었다. 그리스인이 가장 많았고, 이집트나 유대인 의사도 있었다. 대부분의 의사는 노예 신분이어서 의사가 받는 치료비는 거의 주인이 가졌지만 조금씩 돈을 모아 자유를 사는 해방 노예 의사가 늘어났고, 전쟁에서 부상자를 치료하는 데 의사가 꼭 필요했기 때문에 사회적 지위도 점점 높아졌다. 기원전 46년에는 로마의 독재관 율리우스 카이사르(기원전 100~기원전 44)가 모든 의사에게 로마 시민권을 부여했다.

제대로 된 의료 기관이 없던 로마

초기 로마에는 종합 병원 같은 의료 기관이 없었다. 환자는 자기 집,

로마의 신분제, 시민과 노예

노예는 로마를 지탱하는 중요한 기둥이었다. 1세기경 이탈리아반도 전체 인구의 약 35~40% 정도가 노예였는데, 이들은 육체 노동뿐 아니라 교사, 회계사, 의사 같은 전문적인 일도 했다. 노예는 주인의 소유로, 법적인 권리가 없었다. 하지만 일하는 대가로 돈을 받거나 장사를 해서 번 돈을 모아 주인에게서 자유를 사기도 하고, 때로 뛰어난 재능을 지닌 노예는 주인이 풀어 주기도 했는데, 자유를 얻은 노예는 '해방 노예'가 되었다.

해방 노예는 공직에 출마할 수 없는 등 제약이 있었지만, 황제의 비서로 일하거나 장사로 많은 돈을 벌기도 했다. 해방 노예의 자식은 완전한 로마 시민이 되었다. 로마 시민은 공직에 출마할 수 있고, 장사할 때 유리했으며, 외국에서 잘못을 저질러도 반드시 로마에서 재판받을 권리, 재판에서 신체적인 고문을 당하지 않을 권리, 반역죄가 아닌 다음에는 사형에 처해지지 않을 권리 등 혜택이 있었다.

혹은 의사의 집에 딸린 방에서 치료받았다. 노예가 늙거나 병들면 로마를 지나는 테베레강에 있는 아스클레피오스 사원으로 보냈다. 그러나 사원에서 치료를 하지 않고 그냥 내버려 두었기 때문에 대부분 굶어 죽었고, 다행히 죽지 않고 회복된 이들은 노예 신분에서 해방되었다. 군인들을 치료하는 병원도 없었기 때문에 다친 군인도 자기 집에서 회복되기를 기다렸다. 카이사르 시대가 되어서야 국경 근처에 전투에서 상처 입은 군인을 치료하는 병원이 세워지기 시작했다. 이 병원은 규모가 컸고, 시설도 좋고, 풍부한 물자를 지원받았다.

의사를 가르치는 국립 학교가 생기다

베스파시아누스 황제(9~79) 때는 의사를 길러 내는 국립 학교를 세워 의사가 되고 싶은 사람을 가르쳤다. 군대 소속 의사는 장교와 사병의 중간 계급인 부사관 계급을 받았으며, 전투에 참여하지 않아도 되었고, 결혼도 할 수 있었다(197년까지 로마의 군인은 군 복무 중에 결혼할 수 없었다). 배에도 의사를 배치했는데, 이들은 다른 의사보다 봉급과 배급을 두 배로 받았다.

로마로 몰려든 의사들

로마에서는 그리스 풍습과 학문이 유행했다. 그리스 의학도 인기를 끌면서 의사의 지위도 점차 올라갔다. 당시 유명한 권력자와 귀족들이 의사를 친구로 삼을 정도였다. 로마의 첫 번째 황제 아우구스투스(기원전 63~14)는 해방 노예 출신인 자기의 주치의를 귀족으로 만들었고, 의사의 세금을 면제해 주는 정책을 폈다. 2세기 무렵 하드리아누스 황제(76~138)는 의사가 군대에 가지 않아도 되도록 했으며, 로마 제국 어디든 자유롭게 여행할 수 있게 했다.

로마 제국의 세력이 커지면서 지중해 전역의 의사들이 로마로 몰려들었다. 이들 중에는 황제의 주치의가 되는 의사도 있었다. 하지만 의사가 수도인 로마에만 집중되어 제국 전체의 의료 수준이 높아지지 않고, 오히려 다른 지방의 의사만 없어지는 현상이 나타났다. 그래서

갈레노스, 고대 의학의 완성

갈레노스(129~199)는 그리스 북부 페르
가몬 출신의 의사로, 어려서는 철학을
공부하다가 열여덟 살이 되면서 본격적
으로 의학을 공부하기 시작했다. 스무
살이 되어 유럽 각지를 여행하면서 의술
을 닦았고, 고향에 돌아와 검투사 경기
장의 외과 의사로 일했다. 검투사 대회

원숭이를 해부하는 갈레노스

의 부상자를 잘 치료해서 이름을 날린 갈레노스는 161년 로마로 갔다. 로마에서
도 유명 인사의 병을 치료해서 단번에 유명해졌지만, 다른 의사들과의 갈등으로
고향으로 돌아왔다. 로마에 전염병이 돌자 황제는 갈레노스를 불러 주치의로 삼
았고, 갈레노스는 이후 계속 로마에 남아 치료와 연구를 하고 의학책을 썼다. 그
는 그리스의 철학과 해부학적 지식에 기초해 고대 그리스와 로마의 의학을 집대
성했으며, 400여 편의 글을 남겼다. 그의 책은 중세 유럽 의사들에게 교과서로
여겨졌고 이슬람 문화권에도 번역되었다.

나중에는 자기가 살던 지역을 떠나는 의사는 새로운 지역에서 실력을
인정받을 때까지 몇 년 동안 의사의 특권을 빼앗겼다.

　의학 기술은 발전했지만 여전히 의사로 인정받기 위해 받아야 하는
특별한 교육이나 자격이 없어서 스스로 의사라고 하고 환자를 모으면
되었다. 그래서 돌팔이 의사도 많았는데, 이들에게는 치료하는 기술

보다 환자를 말로 잘 꼬드기는 능력이 더 중요했다. 어떤 의사는 6주 만에 학생을 가르쳐 의사로 만들기도 했다.

기독교의 성장과 의학의 변화

　기독교는 로마 제국의 지배를 받던 유대 지역에서 예수의 가르침을 중심으로 활동했다. 로마 제국은 기독교를 탄압했지만, 기독교는 점점 커져 380년에는 로마의 국교가 되었다.

　기독교는 자신의 교리와 맞지 않는 모든 것을 '이단'으로 몰았다. 특히 의술은 그리스·로마의 신화와 깊은 관계가 있었기 때문에 많은 의료 기관과 의학 서적이 이단으로 몰려 파괴되었다.

　명맥이 끊긴 유럽의 의학은 점점 쇠퇴하고 다시 '신앙'과 '믿음'으로 병을 치료했다. 소수의 의사가 의학 지식을 가르치기는 했지만 제대로 된 학교도 없었고, 서로 모여 지식을 나누고 발전시키지 못해 의학 지식은 조각나 버렸다. 의사들은 이리저리 떠돌아다니며 자기가 알고 있는 치료만 했다.

　4세기 후반 기독교 교회에서도 집 없이 떠도는 가난한 병자를 구제하는 병원을 만들었지만, 병을 치료하는 것은 아니고 음식과 쉴 곳을 제공하는 정도였다. 가끔 의사를 부르기는 했지만, 의사가 하는 조언은 무시되었고 치료는 다시 종교의 일이 되었다. 치료법도 환자에게 기도문을 태운 재를 섞은 차를 마시게 하는 식이었다. 모든 치료는 '하느님' 혹은 '그리스도'의 뜻이었다.

5세기 말, 서로마 제국이 멸망한 후 일부 의학 관련 자료와 책이 수도원이나 교회 도서관에 보존되기도 했으나 실제 치료에 활용되지는 못했다. 기본적으로 치료는 신앙을 통해서 가능하다는 믿음과 함께, 유럽 의학의 암흑 시대가 시작되었다.

정교한 의학 시스템을
발전시킨 이슬람

이슬람에서 피어난 의학

예언자 무함마드(570?~632)로부터 시작된 이슬람교는 아라비아반
도뿐 아니라 페르시아, 팔레스타인, 이집트, 북아프리카, 멀리는 지금
의 스페인까지 뻗어 나가는 제국을 건설했다. 이슬람 제국이 다스리
던 지역에는 고대 그리스, 로마, 이집트, 페르시아 등 풍부한 학문과
문화유산이 남아 있었다. 또한 기독교로부터 이단으로 몰려 도망친
학자들이 많이 있었다. 이슬람은 이들을 차별하지 않고 받아들여 전
통 학문과 융합시켜 더욱 발전시켰고, 주요 도시마다 도서관, 학교, 병
원을 세웠다.

이슬람 병원과 의사

10~12세기, 이슬람은 정교한 의료 시스템을 만들었다. 바그다드, 다마스쿠스, 카이로, 알렉산드리아 등 주요 도시마다 도서실, 강의실, 약국, 병원이 함께 있는 '의료 센터'를 세웠다. 정원이 딸린 병원에서는 음악이 흘러나왔고, 환자의 지루함을 달래기 위해 재미있는 이야기를 들려주는 '이야기꾼'도 있었다. 음식도 맛있어서 일부러 병원에 들어오기 위해 꾀병을 앓는 사람이 있을 정도였다. 당시 유럽의 병원은 환자가 어떤 병에 걸렸든 그냥 한 방에 모아 두고 치료했지만, 이슬람 병원은 오늘날 병원처럼 건물을 구분해서 서로 비슷한 병을 앓는 환자들끼리 따로 모아 치료했다.

이슬람에서는 사람을 해부하는 것을 엄격히 금지했고, 외과 수술도 못하게 했다. 그래서 약물을 사용하여 병을 치료하는 방법과 상처 일

9세기, 세계 최초로 현대의 병원과 비슷한 의료 센터를 갖춘 이집트의 아마드 이븐 툴룬 모스크

부를 불로 지져 지혈하는 기술이 발달했다.

의사가 되려는 사람은 이슬람 사원에 딸린 의료 센터에서 공부했다. 환자를 관찰하고 질병을 진단하는 훈련도 함께 했는데, 종교에 따른 제약은 없었다. 시험에 통과해야만 환자를 치료할 수 있었지만, 무허가로 진료하는 의사도 여전히 있었다. 여성 환자는 여성 조산사가 돌보았다. 남성 의사의 도움이 필요한 경우에는 두꺼운 커튼을 사이에 두고 치료 방법을 알려 주었다. 과학적인 치료 방법을 모르는 경우에는 때로는 별을 보고 점을 치는 점성술이나 귀금속을 녹이거나 보석을 갈아 만병통치약이나 늙지 않는 묘약을 만드는 연금술을 이용하기도 했다. 오줌 성분 분석도 자주 사용되는 방법이었지만, 지금처럼 과학적인 분석은 아니었다.

위대한 의학자, 알라지와 이븐 시나

알라지(864~925)는 중세 이슬람 시대의 가장 영향력 있는 의사이자 동시에 철학, 화학, 논리학, 수학, 천문학 등 다양한 방면에 뛰어난 업적을 남긴 학자이다. 그는 평생 230여 권의 책을 썼는데, 그 가운데에는 『의학 보고』라는 의학 백과사전도 있었다. 이 책은 그가 죽은 뒤 그의 제자들이 스승의 의학 자료들을 모아 발간한 것으로, 그리스 의학뿐만 아니라 인도 의학과 아라비아 의학 등 당시의 의학 지식이 총망라되어 있었을 뿐만 아니라 알라지의 임상 경험도 포함되어 있어 내

실험에 열중한 알라지(왼쪽)와 책을 쓰는 이븐 시나(오른쪽)

용이 아주 자세하면서도 방대했다. 『의학 보고』는 라틴어로 번역되어
중세 유럽의 의학 발전에 큰 영향을 미쳤다.

이븐 시나(980~1037)는 어려서 철학, 법학, 수학 등을 공부했고, 열
여섯 살에 의학을 공부하기 시작해 열여덟 살이 되기 전에 이미 의사
로 이름을 날렸다. 그가 쓴 『의학 전범』은 이슬람 의학의 체계를 만든
책으로 꼽히며, 유럽에서는 12세기부터 17세기까지 의학 교과서로 쓰
였고 인도와 중국에까지 전해졌다. 이븐 시나는 중세 시대 대표적인
의학자로 이름을 날렸고 철학적인 관점에서도 아랍의 최고봉으로, 토
마스 아퀴나스에게 큰 영향을 미쳤다. 이처럼 다양한 분야에서 이름
을 떨친 그를 제2의 아리스토텔레스라고 부르기도 한다.

독특한 의술을
꽃피운 아시아

● 중국

진시황의 탄압에도 명맥이 이어진 의학

주 왕조가 쇠약해지면서 여러 나라가 다투는 혼란기를 겪었는데, 이 시기를 춘추 전국 시대라고 부른다. 전쟁과 다툼이 끊이지 않은 시대 였지만 다양한 사상과 학문이 꽃을 피웠다. 그러다가 진秦의 왕 영정 이 힘을 키워 중국을 통일하는데, 이 사람이 바로 진시황이다. 진시황 은 기존 제도를 뜯어고치고, 학문과 사상도 탄압했다. 특히 통치에 방 해가 된다고 생각해 책을 빼앗아 불태웠고, 진나라의 정치를 비판한 유학자들을 사형에 처했다. 하지만 의학, 약학, 천문학, 농학에 관련된 책은 그대로 남겨 계속 전해질 수 있었다. 진시황은 궁전과 만리장성,

왕의 무덤 등을 크게 짓느라 백성을 가혹하게 수탈했다. 결국 진나라는 중국을 통일한 지 20년이 되기 전에 반란으로 멸망했다.

진 왕조의 멸망 이후 뒤를 이은 한漢 왕조에서 중국은 안정을 찾으며 사회, 경제, 문화 등 각 방면이 발전했다. 의학도 큰 발전을 이뤘는데, 고대 중국의 의학서『황제내경』의 기본 이론과 진료 경험을 연결해서 효과적으로 환자를 치료하는 데 이용했다. 특히 교통이 발달하면서 의사는 중국 여러 지역에서 나오는 약을 이용할 수 있었고, 동남아시아에서 새로운 약재료도 수입되어 약을 이용한 치료 방법이 발전했다. 의사 외에 전문적으로 약재를 판매하는 사람도 생겼다. 일반 사람들에게도 질병 치료에 쓰이는 약초에 관한 책이 퍼졌다. 병을 진단하고 치료하는 방법을 정하는 기본 원칙도 수립되었다.

중국 의학의 체계를 세운 장중경

장중경(150~219)은 중국 의학을 정리해서 하나의 체계로 만들었다. 그가 살던 한 왕조 말기는 정치가 매우 혼란스러웠고, 지방마다 군대를 거느린 세력끼리 서로 다투었으며, 농사도 잘 안 되어 굶주리는 사람이 많았다. 특히 독감 같은 바이러스로 인한 전염병으로 많은 사람이 죽어 가자 장중경은 이를 치료하는 방법을 중점적으로 연구했다.

그는『황제내경』같은 의학책을 연구하고 자신의 치료 경험을 결합해서『상한잡병론』을 썼다. 중국 의학에서는 바이러스로 인한 열병을

'상한'이라 부른다. 『상한잡병론』에는 열병 치료뿐 아니라 호흡기 질환, 소화기 질환, 부인과 질환, 신경계 질환 등 다양한 질병의 증상과 치료 방법이 실려 있다. 이 책의 원본은 사라졌지만 후대의 여러 의사와 학자들이 부분부분을 찾아 다시 정리하고, 자기 생각을 덧붙여 쓴 것이 오늘날까지 전해지고 있다. 이 책은 중국뿐만 아니라 우리나라와 일본에서도 중요한 의학

중국 후한의 의사 장중경
ⓒwellcome collection

책으로 다뤄지고 있으며, 지금도 서점에서 우리말로 번역된 책을 쉽게 찾을 수 있다. 후세 사람들은 장중경을 의성(의학의 성인)이라고 칭송한다.

외과 수술의 대가, 화타

중국에서도 고대부터 외과 수술을 했다. 5천여 년 전 유적에서는 구멍 뚫린 두개골이 발견되었고, 2천 5백여 년 전 무덤에서는 배를 가르고 실로 꿰맨 흔적이 있는 시신이 발견되기도 했다. 한 왕조 초기 고위 관리의 무덤에서는 외과 수술 방법이 기록된 책이 발견되기도 했다.

중국에서 외과 수술로 이름을 떨친 의사는 화타(?~208?)이다. 화타

중국 외과 의사의 시조 화타

는 3세기 중국에서 이름난 의사로, 환자를 마취하고 배를 째서 질병을 치료하는 외과 수술과 호랑이, 사슴, 곰, 원숭이, 새의 동작을 모방해서 만든 건강 체조 '오금희'로 유명하다. 소설 『삼국지연의』에 화타가 등장하는데, 독화살을 맞은 관우의 팔을 수술하는 대목이 알려져 있다. 소설이 아닌 역사책 『삼국지』에는 화타가 마비산(일종의 마취제)으로 환자를 마취한 뒤 배를 열어 수술하고, 상처를 봉합하고, 환자의 상태를 예측하는 과정이 나오는데, 수술의 기본 요소와 절차가 현대 외과 수술과 일치한다. 화타는 위나라 왕인 조조의 미움을 사 감옥에서 고문받다 죽었는데, 후세 사람들은 화타를 '외과의 시조'로 기린다.

하지만 화타가 죽고 난 후 중국 의학에서 배를 가르고 내부 장기를 치료하는 수술은 자취를 감추었다. 5세기경이 되면 '가슴을 열고 장을 도려내는 것은 별난 기술이지만 의사가 하는 일이 아니다'라고 생각했다. 이후 중국 의학에서는 치료에 약물과 침, 뜸을 주로 사용하고, 외과 수술은 피부에 난 부스럼, 종기, 염증 등을 제거하는 간단한 치료에만 사용했다.

연단술이 유행하다

한 왕조의 멸망 이후 약 400여 년간 중국은 다시 여러 나라로 갈라
졌다. 특히 북쪽에서 내려온 북방 민족들이 나라를 건국해서 중국 역
사상 가장 많은 왕조가 나타났다 사라진 혼란한 시대에 접어들었다.
하지만 사상적으로는 유교뿐 아니라 불교와 도교가 발전했고, 지리
학, 식물학, 광물학 등 자연 과학이 발전했다. 도교의 영향으로 늙지
않고 오래 사는 신비한 약을 만드는 연단술이 유행하면서 자연스럽게
약초를 연구하고 약물을 제조하는 기술이 발달했다. 또한 맥을 짚어
병을 진단하는 방법이 점차 발전했으며 유행병을 민간에서 치료하기
위한 침과 뜸의 사용도 늘었다.

의료 제도가 자리 잡은 수와 당

중국에 당唐 왕조가 들어서면서 중국 사회는 점차 안정을 찾고, 경
제도 발전했다. 의료 제도도 자리를 잡아 624년에는 의사를 교육하는
국립 학교 '태의서'가 세워졌다. 태의서에는 의학부와 약학부가 있었
고, 의학부는 다시 전공별로 의과, 침과, 안마과, 주문을 외워 병을 고
치는 주금과로 나뉘어 있었다. 태의서에 입학하면 먼저 기초 과정을
공부하고 난 다음에 전공에 따라 다른 내용을 배웠는데, 최대 9년 동
안 공부하면서 매월 시험을 치러야 했다.

태의서에는 치료를 담당하는 의사와 교육을 담당하는 의박사가 따

로 있었다. 태의서는 관리가 아픈 경우 치료하는 병원의 역할도 했다. 황제를 치료하는 병원, 황태자를 치료하는 병원도 따로 있었다. 하지만 백성들은 정식 교육을 받지 않은 민간 의사의 치료를 받았다.

의료 행위를 하는 관리

반드시 전문의가 아니라도 병을 치료할 수 있었다. 유명한 의사지만 다른 관직을 가지고 있는 사람도 있었다. 의사보다 관리가 더 명예로운 일이었기 때문에, 황제의 가족을 치료할 만큼 의술이 뛰어난 사람도 의사가 아닌 관리나 학자로 남았다. 후대에까지 영향을 미친 중요한 의학책을 쓴 관리도 있었다.

특히 당시 관리들은 남쪽 지방에 발령을 받으면 의학 처방 자료를 구하고 약을 준비했다. 남쪽 지방은 덥고 습한 아열대성 기후로, 생활환경이 다른 데다 잘 모르는 질병이 있고 의료 수준도 뒤떨어진다고 생각해 자칫 병에 걸려 죽을지 모른다는 걱정이 있었다. 지방으로 간 관리는 대부분 한가한 자리로 쫓겨 간 것이어서 시간 여유도 많아 의학을 공부하고, 환자를 치료하고, 책을 만들었다.

당나라의 유명한 시인이자 정치가 유우석(772~842)은 중앙 정계에서 밀려나 지금의 윈난성으로 내려갔다. 그는 의학을 공부하고 전해지는 치료법들을 실험해서 효과가 입증된 것을 모아 『전신방』이라는 책을 펴냈다. 그는 『전신방』에 치료 처방이 어디에서 나온 것인지, 실험에 따른 효과가 무엇인지를 자세히 기록하고 자신이 직접 사용해 본 이야기를 남겼는데, 일부 내용은 지금까지 전해진다.

외국과의 교류

당나라는 고구려, 백제, 신라뿐만 아니라 인도, 일본, 파키스탄, 이란, 아랍 등과 활발히 교류했다. 541년에는 고구려에 의사를 파견했고, 신라는 당나라의 제도를 본떠 학교를 만들고 의학을 가르쳤다. 삼국은 약재를 중국에 수출했다. 인도의 의학 서적도 번역되어 중국으로 들어왔고, 중국 승려가 인도로 가 환자를 치료하기도 했다. 이슬람 지역에서는 유향, 몰약, 단향 같은 약재를 수입했고, 맥 잡는 법과 마취법을 전해 이슬람 의학에 영향을 미쳤다.

여성 환자의 치료

여성 의사는 거의 없었다. 당시 풍습으로 여성이 가족이 아닌 남자에게 얼굴을 보이고 이야기를 나눌 수 없었기 때문에 의사가 여성 환자를 직접 진찰하지 못했다. 여성 환자를 진찰하는 남성 의사는 사람 모양의 작은 인형을 가지고 다녔는데, 여성 환자가 인형에 아픈 부위를 표시하면 의사가 치료 방법을 알려 주었다. 귀족이나 부유층 여성은 귀한 상아로 만들고 보석으로 장식한 자신만의 진찰 인형을 가지고 있었다.

중국에서 의사들이 여성 환자를 진단할 때 쓰던 상아 인형
©wellcome collection

● 인도

불교 병원의 번성과 쇠퇴

제자가 스승을 모시는 방식으로 이루어지던 인도의 의학 교육에 제도화된 학교가 나타나기 시작했다. 대표적으로 갠지스강 유역의 바라나시와 지금의 파키스탄 지역인 탁실라에 의학 학교가 세워졌고, 가르치는 일에만 전념하는 의사도 생겼다. 불교와 함께 의학도 스리랑카, 인도네시아, 티베트, 중국 등지로 전해졌다. 특히 지금의 스리랑카인 '실론'은 불교 의학의 중심지로, 10개의 마을마다 의사가 한 명씩 있었다고 한다.

하지만 7세기 이후 인도에서 불교의 세력이 점점 약해지고 이슬람교가 자리를 잡으면서 불교 병원과 의사도 쇠퇴했다. 그래도 실론에는 12세기까지 불교 병원이 정상적으로 운영되었고, 아시아와 유럽에도 인도식 의술로 병을 치료하는 의사가 있었다.

● 우리나라

우리나라의 고대 의사, 무속 의사와 승려 의사

다른 문명과 마찬가지로 우리나라의 고대 의사도 삼국 시대 초기까지 주술사, 즉 무당이었다. 이들은 주문을 외면서 약을 사용해 병을 치료했다. 신라 2대 왕을 '차차웅'이라고 불렀는데, 무당이라는 뜻이다. 이는 당시 무당이 가진 사회적 지위를 짐작할 수 있게 한다.

삼국에 불교가 전해지면서 불교 의학 지식을 갖춘 승려 의사가 차츰 무당을 대신했다. 불교 의학은 인도와 중국 의학의 영향을 받았고, 승려 중에서는 의학 지식을 겸비한 사람이 많았다. 주문을 외면서 약을 쓰는 치료 방식은 다른 종교의 사제 의사와 크게 다르지 않았다. 불교 의학의 지식이 우리의 토속 의학 지식과 결합해 중국에 영향을 줄 정도로 발전하기도 했다. 당시의 불교 사찰(절)은 병원처럼 환자를 치료하는 장소였다. 의학 지식이 쌓이고 과학적인 치료 방법이 발전해 치료를 직업으로 하는 의사가 늘어나면서 무속 의사와 승려 의사는 점차 줄어들었지만, 일반 백성들은 종종 이들을 찾았다.

불교 의학의 발달

불교는 고구려에 제일 먼저 전파되었다. 불교 의학도 고구려가 제일 먼저 받아들였고, 의학 수준도 제일 높았다. 고구려 출신 의사들은 인근 나라를 돌아다니며 환자를 치료했는데, 459년 고구려 출신 의사 덕래(?~?)는 백제 왕의 추천으로 일본으로 건너가 일본 왕실 사람들을 치료했고, 일본 의학의 기초를 닦았다. 그의 자손은 대대로 '난파약사'라는 이름을 받았다.

백제에는 '약부'라는 의료와 약을 담당하는 관청이 있었고, '의박사'라고 불리는 의학 교수, 약초를 담당하는 '채약사', 주술 치료를 하는 '주금사'가 있었다. 약재를 공급하는 '지약아'라는 직책도 있었는데, 2002년 부여에서 이들에게 봉급을 지급한 기록이 쓰인 유물이 발견되었다.

신라의 의학은 삼국 중 가장 늦게 발전했다. 신라에는 왕을 모시는 의사가 있었는데, 이들의 직위는 전체 17등급 중 13등급 정도로 높은 편은 아니었다.

부여 능산리에서 출토된 '지약아식미기'. 긴 나뭇조각에 '지약아'에게 봉급을 지급한 기록이 쓰여 있다. (국립부여박물관 제공)

삼국 시대 의사의 역할

삼국 시대 의사는 크게 국가 관리로 봉급을 받는 '관의'와 민간에서 백성을 치료하고 치료비를 받는 '민간의'로 나눌 수 있다. 보통 관의는 나라에서 제공하는 의학 교육을 마친 사람들이었고, 민간의가 되는 데는 특별한 자격이 필요 없었다. 관의도 나이가 들어 은퇴하면 백성을 치료하는 민간의로 활동하기도 했다.

할고료친과 단지, 그리고 머리카락

고대부터 인간의 신체 일부를 약으로 사용하는 풍습이 있었다. 『삼국사기』에는 자신의 넓적다리 살을 베어(할고, 割股) 아픈 부모의 병을 치료한(요친, 療親) 효자 이야기가 나온다. 또한 사람의 살로 병을 고칠 수 있다는 내용이 수록된 중국 의학책도 있다. 제대로 된 약을 구하기 힘든 일반 백성들은 위급한 병에 극단적 치료법으로 사용했다. 삼국 시대 이후에도 목숨이 위급한 부모에게 손가락을 깨물어 피를 마시게 한(단지, 斷指) 사람을 효자로 칭송했다. 사람의 신체가 약이 된다는 생각은 20세기 초까지 이어져 어린아이를 납치 살해하는 끔찍한 사건도 일어났다.

당나라 군대가 고구려의 평양성을 포위했을 때, 신라는 식량 등 보급품 외에 사람의 머리카락을 전달했다. 머리카락을 다른 재료와 함께 가공해서 약으로 만들었는데, 이렇게 만들어진 약은 기침, 설사, 종기 같은 피부병 치료뿐 아니라 흐르는 피를 멈추게 하는 데 효과가 있다고 알려져 군대에서 발생하는 각종 질병과 부상을 치료하는 데 쓰였다. 특히 어린아이의 머리카락이 효과가 좋다고 알려졌다.

관의는 주로 왕실과 관리의 건강을 돌보고 의학 교육을 했다. 군대나 건설 현장 등 많은 사람이 모여 있는 곳에 가서 건강을 관리하는 일도 했다. 또한, 외교 사절과 함께 중국이나 일본에 가서 우리나라의 약재를 수출하고 중국의 의학 서적을 들여오는 무역 활동도 했다. 우리나라의 약재 중 우황, 인삼 등은 중국과 일본에서 인기가 많은 수출 품목이었다.

의학 교육 기관을 세운 통일 신라

7세기 중엽 신라는 고구려, 백제와 통일 전쟁을 시작했다. 이 전쟁은 당시 동아시아 여러 국가가 참전한 세계 전쟁이었다. 당나라는 신라를, 일본은 백제를 지원했고, 고구려 군대에는 말갈족이 있었다.

각 지역에서 많은 사람이 모여들자 이전에는 없던 새로운 병이 생겨 환자 치료에 애를 먹었다. 신라는 당나라 군대를 따라온 의사들로부터 의학 지식을 얻었고, 삼국을 통일한 후 당의 제도를 본떠 692년에는 의학 교육 기관인 '의학'을 만들고, 의료 체제를 정비했다. 의학을 졸업한 학생은 관리로 등용되어 국왕과 귀족의 건강을 돌보았다.

무역에서 '약'은 중요한 품목이었다. 신라는 당에서 수입한 약재와 우리나라 특산 약재를 이용해 약을 만들어 일본에 수출했다. 약은 부피가 작고 가볍지만 값은 비쌌기 때문에 중요한 수출품이었다.

획기적으로 발전한
근대 이후의 의학

이슬람에 전해지던 고대의 의학 지식들이 다시 유럽으로 넘어오면서 유럽에서 의학이 꽃피기 시작했다. 특히 교회 밖 대학에서 본격적으로 의학 교육이 시작되었고, 인체의 해부가 본격적으로 가능해지면서 몸에 대한 지식이 크게 늘어났다. 이발사들이 담당하던 외과도 점차 발전해 내과 의사와 동등한 지위를 인정받기에 이른다. 현미경이나 소독 기술의 발달로 수술에서 살아남는 환자도 크게 늘어났다.

서양 의학의 부흥

다시 유럽으로 전해진 이슬람 의학

이슬람 의학이 유럽에 전해지면서 유럽 의학 발전에 큰 영향을 미쳤다. 이슬람 세력이 지배하던 이베리아반도의 코르도바에는 의학 학교가 있었고, 500여 개의 병원과 10만여 권의 의학 서적이 있었다. 여기에는 이슬람 출신 학생뿐 아니라 유럽과 유대인 출신 의사도 모여들어 의학을 공부했다. 15세기 이후 이베리아반도에서 이슬람 세력이 물러나면서 이곳에서 공부한 의사들은 유럽 전역으로 퍼져 나가 활동했다.

또한 11세기부터 14세기 사이 이슬람 성지이자 기독교 성지인 예루살렘을 두고 이슬람 세력과 벌인 십자군 전쟁에 참가한 의사들도 이슬람과 접촉해 새로운 의술과 의학 자료를 얻어 유럽으로 돌아갔다.

몰타에서 기사단이 본부로 사용했던 세인트 안 젤로 요새

십자군 전쟁 당시 유럽의 기사들은 신앙을 중심으로 단체를 만들어 활동했다. 이 가운데 1080년 순례자를 치료하고 보호하기 위한 기사 수도회가 예루살렘 아말피 병원에 세워졌는데, 이것이 바로 '예루살렘의 성 요한의 구호 형제회', 줄여서 구호기사단(Knights Hospitaller)이라고 한다. 이들은 전쟁에 참여해 싸우면서 환자를 치료했고, 십자군 전쟁이 끝난 후에는 지중해 섬에 자리 잡고 이슬람 세력과 맞섰다. 구호기사단은 '성 요한 기사단' 또는 자리 잡은 섬의 이름을 따 '로도스(Rhodos) 기사단', '몰타(Malta) 기사단'이라 불렸다. 로마에 본부를 두고 전 세계에 퍼져 의료 봉사 활동을 하고 있는 '몰타 기사단'은 영토는 없지만 여권을 발행하거나 외교 관계를 맺고, UN에 가입하는 등 국제법상 국가와 같은 대우를 받고 있다.

십자군 중 구호기사단Knights Hospitaller은 지중해 전역에 병원을 세워 전쟁에서 다친 병사를 치료하고 회복을 도왔는데, 이 과정에서 자연스럽게 이슬람 의학 지식을 받아들였다.

교회가 변화하다

새로운 의학 지식을 받아들이면서 의학을 이단으로 보아 수련을 거부하던 교회의 방침이 조금씩 약화되었다. 수도원과 교회에서 가난하고 병든 사람을 돌보는 일이 점차 늘어났다. 이들에게 먹을 것과 잠자리를 제공하던 시설은 병원으로 발전했고, 수도사나 수녀가 의사와 간호사로 변신했다.

하지만 제대로 된 의학 훈련을 받기 어려웠고, 히포크라테스나 갈레노스의 책 같은 정해진 교재로만 공부해야 했다. 무엇보다 종교적인 시각에서 벗어날 수 없어서 지식의 폭이 좁았다. 교재는 신성시되어 내용에 관한 질문은 허락되지 않았다.

교회 밖의 의사들

교회 밖에서 받을 수 있는 의학 교육의 수준은 낮았다. 교회나 수도원에서 의학 교육을 받고 세상으로 나와 일반의로 일하는 사람도 있었는데, 이들 중 최고는 왕실 소속 주치의였다. 교회 소속이 아닌 의사들은 대부분 이리저리 돌아다니며 환자를 치료했다. 이들은 저마다 특정 질병을 잘 치료했고, 치료 기술은 가족에게만 전수되었다. 외과수술은 이발사가 담당했다.

자기 집을 병원으로 이용하는 의사도 있었다. 중환자에게는 입원실처럼 방을 내주었다. 이발사와 약제사가 조수로 치료를 도왔고 가족들도 일손을 보탰다. 의사의 부인과 딸도 치료를 도왔는데, 이는 여성이 의학 교육을 받는 계기가 되었다.

체계적인 의학 교육이 시작된 살레르노

이탈리아반도 남서쪽에 자리 잡은 항구 도시 살레르노에서 처음으로 체계적인 의학 교육 시스템이 발달하였다. 살레르노는 예전부터 전쟁이나 박해를 피해 도망친 사람을 인종과 종교, 성별과 관계없이 누구나 받아들였기 때문에 다양한 사람과 문화가 모여 있었다. 전해지는 이야기에 따르면 유대인과 그리스인, 로마인, 아랍인 의사들이 모여 처방을 주제로 토론한 것이 살레르노 의학 교육의 시작이라고 한다.

의학 교육은 9세기경에 시작되었지만, 11세기에 고향을 떠나 살레르노에 자리 잡은 콘스탄티누스 아프리카누스(?~1099?)라는 의학자가 이슬람 의학 서적을 라틴어로 번역하면서 본격적인 의학 교육이 이루어졌다.

13세기 살레르노 대학에서 의학을 공부하는 학생은 3년간 논리학을 배우고, 이어 5년간 내과나 외과를 공부했다. 다음에 능숙한 의사 아래서 최소 1년 이상 실습을 거치고, 시험을 통과해야 의사가 될 수 있었다. 살레르노에서 환자를 치료하려면 반드시 의사 '면허'를 받아야 했다. 살레르노 의과 대학의 명성이 높아지면서 유럽 전역에서 학 지금의 아프리카 북부, 튀니지에 위치했던 고대 도시 카르타고에서 태어난 콘스탄티누스 아프리카누스는 바빌로니아와 인도를 돌아다니며 의학과 과학을 배우고, 39년 만에 고향으로 돌아갔다. 하지만 고향에서 그를 사악한 마법사로 생각해서 죽이려 하자 살레르노로 도망쳐 수도원에 머물며 평생 의학을 연구했다. 아랍어에 능통했던 그는 아랍 학자들에 의해 계승되던 히포크라테스와 갈레노스, 알라지와 이븐 시나의 의학 서적을 라

환자의 소변을 확인하는 콘스탄티누스 아프리카누스

틴어로 번역했는데, 후에 이 책들이 살레르노 의과 대학에서 교과서로 쓰이면서 살레르노를 의학의 중심, '히포크라테스의 도시'로 만드는 토대를 만들었다.

생이 몰려들었다. 살레르노 의과 대학의 명성은 오랫동안 이어졌는데, 당시 학생들이 의학 교과서의 중요 내용을 노랫가락처럼 흥얼거리며 외우던 방법은 수백 년간 전해 내려왔다.

의학 교육이 활발한 남부 유럽

13세기에 접어들면서 다른 대학들도 의학을 가르치기 시작했는데 볼로냐, 파도바, 나폴리 등 이탈리아의 대학이 유명했다. 기독교 문화

권뿐 아니라 이슬람 문화권 출신 대학 교수와 학생도 있었다. 대학에서는 알렉산드리아 이후 최초로 종교적 제약에서 벗어나 신체를 해부하기 시작했다. 하지만 해부학 지식을 쌓는 데는 큰 도움을 주지 못했다. 의사가 직접 칼을 들고 해부한 것이 아니라 이발사들이 해부하는 것을 관찰하고 책의 내용을 설명하기만 했기 때문이다. 의사는 14세기가 되어서야 직접 해부하기 시작했다.

종교의 틀에 갇힌 중부 유럽의 의학 교육

이탈리아와 프랑스 남부 등 남부 유럽에서는 해부학과 외과 수술에 관한 관심이 증가하고 있었지만 파리나 옥스퍼드, 비엔나, 프라하 등 중부 유럽에 위치한 대학은 여전히 종교의 영향 아래 있었다. 교수진 대부분이 교회 소속이었고, 교수와 학생의 옷차림도 수도사와 흡사했다.

교회의 시각으로 볼 때 의학은 하급 기술이었다. 몇몇 대학에서는 아예 의학 교육을 금지했고, 어떤 대학에서는 매년 의과 대학에 입학하는 학생의 수를 제한했다. 게다가 외과 수술은 아예 가르치지도 않았다. 교회는 법령을 통해 성직자는 외과 수술을 하지 못하게 했다. 그 결과 중부 유럽에서 '내과 의사'와 '외과 의사'가 수백 년간 분리되었다.

중부 유럽에서 의학은 순수 과학으로 여겨졌고, 의학 교육은 교과서 위주였다. 14세기 중반까지 파리 대학에서 의학사, 혹은 의학 석사가

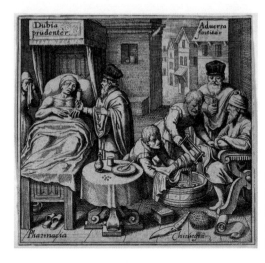

잘 차려입은 내과 의사(왼쪽)와
의사의 감독 아래 환자의 다리
를 자르는 외과 의사(오른쪽)의
사회적 위치와 역할을 보여 주
는 그림 ⓒwellcome collection

되기 위해서는 치료 경험은 필요 없었고, 졸업 이후 1~2년간 실습을
했다. 이 당시 의사는 병을 '치료'하는 사람이라기보다 병에 대해 '토
론'하고 '자문'하는 사람이었다.

대학교수가 되기 위해서는 박사 학위가 필요했다. 박사가 되려면
13~15년간 공부를 하고, 강사로 2년 더 경력을 쌓아야 했다. 하지만
의학 박사가 되어도 임상 경험이 없어서 병을 치료하는 데 능력을 발
휘하지 못했다. 치료하다 한계에 부딪히는 의사들은 이슬람에서 사용
한 점성술이나 오줌 성분 분석을 사용했다.

경험으로 치료한 대학 바깥의 의사들

당시 대학 교육을 받은 의사는 드물었다. 게다가 치료비는 비쌌지만 치료 효과는 뛰어나지 않았다. 사실상 의사 대신 환자를 치료한 사람은 약을 만드는 약사였다. 많은 지역에서 약사에게 서로 적당한 거리를 두고 떨어져서 장사를 하도록 해서 가능한 많은 사람이 필요로 할 때 쉽게 약을 구할 수 있게 했다.

의사와 약사는 긴밀히 협력했다. 의사는 약사의 가게에서 환자를 진찰하기도 하고, 환자에게 자기 파트너 약사를 소개하기도 했다.

대학에서 배우지 않고 다른 의사 밑에서 치료를 돕거나 실습하면서 배운 의사는 돌팔이 또는 사이비 의사로 몰리기도 했지만, 당시에는 대학 출신 의사보다 병을 잘 치료했다. 또한 라틴어로 쓰인 의학 교과서에 얽매이지 않고 경험을 통해 의학을 배웠으며, 자기의 도제에게 의학을 전수했다. 하지만 라틴어를 몰라 의학 서적을 읽지 못한 실습 의사는 새로운 의학 지식을 얻을 수가 없어서 자신이 경험한 것 내에서만 치료할 수 있었다.

이들 중에는 대학 등 정식 학교에서 의학을 배울 수 없던 여성도 있었다. 이렇게 의학을 배운 여성 중 일부는 임산부가 아이 낳은 것을 돕는 조산사로, 혹은 약사로 일했다.

외과 의사의 지위와 활동

당시 의사는 1) 대학에서 공부한 의사 2) 약사와 실습 의사 3) 외과 의사 세 종류가 있었다. 이들 중 외과 의사의 지위가 가장 낮았다. 외과 의사는 의사가 아닌 다른 직업으로 여겼다.

영어로 외과 의사 'surgeon'은 그리스어로 손과 일이 합쳐진 단어에서 유래했다. 즉, 외과 의사는 '손으로 하는 일'을 하는 직업이다. 날카로운 칼과 튼튼한 팔, 그리고 피 보는 것을 두려워하지 않는 배짱이 있으면 외과 의사가 될 수 있었다. 이들은 의사(내과 의사, physician)의 감독하에 수술했고, 간단한 수술은 감독 없이 홀로 하기도 했다. 군대를 따라다니며 부상을 치료하는 것도 주요한 일이었다.

외과 의사는 여러 동네를 돌아다니며 수술을 했는데, 수술 후 결과가 어찌 되든 수술만 마치면 떠났다. 수술하는 방법은 대대로 자손에게 전했다.

점점 높아지는 외과의 명성

외과 의사는 천시받아왔지만, 이들을 통해 14세기 이후 의학이 발전했다. 14세기 중반 흑사병이 유럽을 휩쓸었다. 어떤 지방에서는 인구의 1/3이 흑사병으로 죽어 나갔다. 이 와중에 몇 명 없는 대학 출신 의사들은 전염병을 피해 도망쳤지만, 약사와 외과 의사들은 그대로 남아 환자를 치료하면서 명성이 높아졌다.

또한 전쟁에 화약과 총이라는 새로운 무기가 사용되면서 전에는 볼수 없었던 형태의 상처가 생겨났고, 이를 치료하는 새로운 기술이 나타났다. 또한 이전보다 인체 해부도 활발히 이루어져 인체 구조를 실제로 볼 수 있는 기회가 늘어났다. 의과 대학마다 일 년에 한 번은 인체 해부를 할 수 있었다. 14세기 이후에는 의사가 직접 칼을 들고 해부하면서 이전 교과서에 잘못된 내용들을 고쳐 나갔다.

대학 출신 의사는 환자의 병에 차도가 있건 없건 치료비를 받았다. 하지만 대학 밖의 의사는 환자와 계약해서 치료 시작 전에 일부만 먼저 받고, 치료가 끝난 후 나머지 돈을 받았다. 치료 후 경과가 좋지 않은 경우 종종 환자가 남은 치료비를 내지 않으려고 해서 의사와 환자는 법정에서 다투기도 했다.

근대 해부학의 창시자, 베살리우스

14세기경 이탈리아를 시작으로 고대 그리스 · 로마의 문화가 다시 주목받기 시작하면서 개인의 삶을 풍부하게 하려는 요구와 더불어 교회 중심의 경직된 사회에 대한 저항이 나타났다. 이 시기를 르네상스^{renaissance}라고 하는데 중세 천여 년간 숨죽이고 있던 서양의 고전 문화가 다시 꽃피기 시작했다.

르네상스 시대의 예술가들은 사람의 몸에 관심이 많았다. 대표적으로

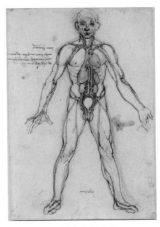

다빈치가 그린 〈인체 해부도〉

위대한 예술가이자 과학자, 발명가인 레오나르도 다빈치(1452~1519)는 실제로 10여 건의 인체를 해부하면서 인체의 구조와 기능을 살펴고, 여러 장의 해부도를 그렸다.

벨기에 출신 안드레아스 베살리우스(1514~1564)는 프랑스에서 의학을 공부한 후 해부학 연구에 전념했다. 그는 더 많이 해부해 보려고 사형당한 죄수의 시체를 훔치기도 하고, 무덤을 파헤쳐 시체를 구하기도 했다고 한다.

이런 연구의 결과로 베살리우스는 1534년 『사람 몸 구조에 관하여』라는 7권의 책, 줄여서 『파브리카』라고 불리는 책을 썼다. 당시 의사는 갈레노스의 책을 교과서로 배웠는데, 갈레노스는 동물 해부의 결과를 바탕으로 인체에 관해 설명했기 때문에 틀린 곳이 많았다. 베살리우

스는 인체 해부를 근거로 갈레노스가 잘못 설명한 점을 고쳤는데, 갈레노스를 지지하는 사람들에게 공격을 받기도 했다. 『파브리카』에는 400장이 넘는 인체 해부도가 실렸고, 인체 해부에 대한 최초의 완전한 교과서로 인정받았다.

당시 의사들이 해부학을 중요하게 생각하지 않은 것은 학문적으로 잘 몰라서 그랬던 것만은 아니었다. 살아 있는 사람의 내부 장기를 관찰할 방법이 없었고, 설혹 내장 기관의 이상을 안다고 하더라도 치료법이 없어서 치료에 효용성이 적다고 생각했기 때문이다.

베살리우스가 쓴 책 『파브리카』 표지. 그림 속 한가운데서 해부하고 있는 사람이 베살리우스다. 이전에 해부를 하던 이발사들은 해부하는 실험대 아래로 밀려났다.

이발사 출신 대학교수, 앙브루아즈 파레

16세기에 들어와 해부학에 대한 이해가 깊어졌다. 외과 의사가 인체에 대한 지식을 가지고 수술을 하게 되면서 본격적으로 근대적 외과 수술법이 발전하기 시작했다. 프랑스 출신 외과 의사 앙브루아즈 파레(1510~1590)는 이발사 조수로 처음 외과 수술을 배우기 시작했고, 가난한 환자들을 위한 시설인 '오텔 디외'에서 1년간 수련을 했다. 이후 군대를 따라 나간 전쟁터에서 부상병 치료에 뛰어난 실력을 보이며 이름을 날렸다.

당시에는 총에 맞은 상처는 뜨거운 기름으로 지져 피를 멈추게 하고, 덧나지 않게 했다. 하지만 이 치료는 환자에게 심한 고통을 주기만 할 뿐 별 효과는 없었다. 파레는 달걀노른자, 장미 기름, 소나무에서 얻은 테레빈유 등으로 만든 연고를 사용해 부상병들의 고통을 줄이면서 효과적인 치료를 했다. 또 히포크라테스 시절 이후로 오랫동안 사용하지 않았던 혈관을 묶는 방법을 다시 사용해서 출혈을 막았다. 이 방법으로 심한 상처를 입은 손이나 다리를 잘라 내야 했던 많은 중환자의 목숨을 살렸다. 일생 동안 종군 의사로 전쟁에 20번이나 참가한 파레는 프랑스 군대의 사랑을 듬뿍 받았다. 전쟁이 끝난 후에는 왕실 주치의로 이름을 날렸다.

이발사와 의사의 조수로 일하면서 의술을 익힌 파레는 라틴어를 하지 못했다. 라틴어를 잘 모르는 외과 의사는 대학에서 가르칠 수 없었지만 파레는 명성이 매우 높아 파리 생콤 대학의 교수가 될 수 있었다. 그 후로 대학 강의에 라틴어가 아닌 모국어가 사용되기 시작했고, 외과 의사의 사회적 지위도 올라갔다. 이때부터 외과 의사 직업은 이발사와 구분되기 시작했다. 프랑스에서는 외과 의사는 '긴 가운을 입은 외과 의사'로, 이발사는 '짧은 가운을 입은 외과 의사'라고 불렀다.

전문 외과 의사가 등장하다

내과 의사와 외과 의사의 관계는 복잡했다. 내과 의사는 외과 의사를 자신들보다 한 수준 아래에 두고 싶어서 외과 의사의 지위가 높아지는 것을 싫어했다. 내과 의사는 외과 의사에게 도움을 받지 않고 이발사에게 의학을 가르쳐 조수로 삼기도 했다.

17세기에 들어서면서 외과 의사는 좀 더 전문적인 분야로 나뉘기 시작했다. 치아를 전문적으로 치료하는 외과 의사는 치과 의사로, 아이 낳는 일과 관련된 의사는 산부인과 의사로 발전했다. 이런 전문의는 부유한 도시에서나 볼 수 있었으며, 가난한 사람이나 시골 사람들은 여전히 실습 의사나 이발사, 약사 등에게 치료를 맡겼다.

아메리카 식민지의 의료 상황

16, 17세기 유럽 여러 나라는 아메리카 대륙에 진출해 식민지로 삼았다. 식민지에는 소수의 외과 의사만 있었고, 때로는 교회 목사가 환

자를 치료하기도 했다. 남아메리카를 식민지로 삼은 스페인은 원주민들의 치료 방법이 더 효과적이었기 때문에 의사를 보내지 않았다. 하지만 유럽에서 들어온 새로운 전염병은 고유의 의료 시스템으로 치료되지 않았다.

16세기 후반에 들어서면서 중·남아메리카에 유럽식 의과 대학과 자체 의학 교과서가 만들어지기 시작했다. 아메리카 대륙을 탐험하고 돌아온 탐험가들과 해적들이 유럽에 없는 약초와 약물을 가지고 돌아왔고, 의사들은 이를 연구해 새로운 치료 방법을 개발했다. 하지만 전에는 경험하지 못한 질병도 따라 들어왔다.

의학 교육의 발전

의사들은 현미경 같은 새로운 검사 도구를 사용해 질병을 진단하기 시작했다. 북유럽 대학들도 새로운 교육 방법을 받아들였다. 네덜란드의 레이던 대학은 대학에 딸린 병원에서 환자의 치료를 실습하는 임상 교육 프로그램을 처음 도입했다. 또한 질병의 증상과 결과를 관찰하고 이를 시신 부검 결과와 비교하는 것도 중요하게 여겼다. 레이던 대학에 가톨릭, 개신교, 유대인 등 유럽 전역의 교수와 학자가 모여들었다. 비엔나 의과 대학과 에든버러 대학 같은 북유럽의 주요 대학도 같은 교육 프로그램을 도입했다. 북아메리카 식민지에도 1765년 처음으로 펜실베니아 의과 대학이 세워졌다.

하지만 이러한 발전에도 불구하고 당시에는 여전히 도제식 교육이 더 많았고, 도제식 교육으로도 때로는 좋은 의사가 탄생하기도 했다.

윌리엄 하비의 과학적 연구

17세기에는 윌리엄 하비(1578~1657) 같은 뛰어난 의사가 의학 발전을 이끌었다. 윌리엄 하비는 영국 태생 의사로 케임브리지 대학에서 의학을 공부한 후 이탈리아 파도바 대학으로 유학을 떠나 박사 학위를 받았다. 1609년부터 영국 병원에서 의사로 일했는데 특히 혈액이 어떻게 몸을 순환하는지를 연구했다. 1628년『동물의 심장과 혈액 운동에 관한 해부학적 연구』라는 제목의 책을 펴냈는데, 여기서 갈레노스의 이론을 벗어나는 새로운 혈액 순환 이론을 제시해서 의학계에 충격을 주었다.

그는 연구의 논리를 가설로 만들고, 실험을 통해 입증하는 근대 과학의 방법을 사용했다. 그는 '1회 심장이 수축할 때 뿜어내는 피의 양 × 한 시간마다 심장이 수축하는 수 = 한 시간 동안 심장이 뿜어내는 피의 양'을 계산했는데, 이 양은 약 245kg으로 성인 평균 체중의 3배가 넘었다.

매 시간 음식을 먹는다 해도 우리 몸속에서 이만큼의 혈액을 만드는 것은 불가능해 보였다. 또 이 혈액이 내장으로 가면 혈관이나 내장은 팽창해서 터져 버릴 것이므로, 하비는 혈액이 우리 몸을 돌고 있다는 가정을 세우고 동물 해부와 실험을 통해 혈액이 순환된다는 것을 논리적으로 입증했다.

하지만 이런 하비의 주장은 천여 년간 생물학을 지배해 온 갈레노스의 이론을 반박하는 것이었기 때문에 의학계는 그의 주장을 격렬히 반대했다. 그러나 하비가 죽은 지 4년 뒤인 1661년, 이탈리아의 생물학자 마르첼로 말피기(1628~1694)가 동맥과 정맥을 이어 주는 모세혈관을 발견하였고, 의학계는 하비의 주장을 인정하지 않을 수 없었다.

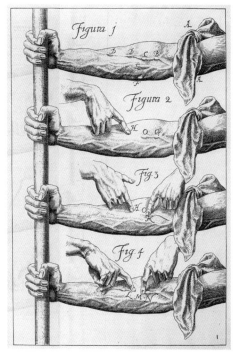

윌리엄 하비가 혈액 순환을 증명하기 위해 정맥을 묶는 실험 모습을 그린 그림

여전히 계속되는 옛날 방식의 의학 교육과 치료

새로운 의학적 사실을 발견하고 교육 방식도 개선했지만, 대부분의 의학 교육은 여전히 고전 교과서를 사용하는 옛날 방식이었다. 의사들은 18, 19세기까지도 이미 문제점이 밝혀진 오래된 치료 방법을 계속 사용했다.

19세기 초반까지 계속된 주요한 치료 방법 가운데 하나가 거머리를 이용해 피를 뽑는 것이었다. 프랑스에서는 1년에 약 4천만 마리의 거머리를 이용해서 환자의 피를 뽑았는데, 실력 없는 의사의 치료를 받다가 너무 많은 피를 흘려 죽는 환자도 나왔다. 미국의 초대 대통령 조지 워싱턴과 영국의 유명한 시인 바이런도 치료 과정에서 너무 많은 피를 흘려 죽었다고 한다.

내과와 외과가 통합되기 시작하다

18, 19세기는 다양한 의료 관련 직업들이 다시 정비되는 시기였다. 르네상스 이후 내과 의사와 외과 의사의 지위는 동등해졌다. 에든버러 대학을 비롯한 스코틀랜드 의학계에서 두 의사의 지위가 통합되자 미국, 프랑스 등의 나라가 이에 따랐다.

하지만 영국 의학계에서는 내과와 외과의 통합이 늦었다. 19세기까지도 영국 내과 의사는 주사기로 약물을 주입하는 것을 외과 의사가 하는 일이라고 생각해서 꺼렸다. 하지만 시간이 지날수록 내과 의사와 외과 의사의 차이가 점점 없어져서 대부분 보통 사람들은 둘을 구별하지 못했다.

다양한 의사 면허와 그에 따라 달라지는 의사의 지위

18세기 초반에는 의사 면허의 종류도 많았고, 의사 간에도 계층이 뚜렷했다. 영국의 경우 가장 높은 계층의 의사는 옥스퍼드나 케임브리지, 에든버러 같은 명문 대학에서 박사 학위를 받은 의사였다. 이들은 대부분 귀족이나 상류층 출신이었다. 그다음은 그보다 조금 낮은 수준의 대학에서 의학을 공부하고 면허를 받은 의사들이었다. 이들은 중류층 출신이 많았다. 가장 낮은 수준의 의사는 시골 마을에서 가난한 사람을 치료하며 돈을 버는 약사나 의사였다. 이들은 돈을 모아 대학에 진학해서 보다 높은 계층의 의사가 되기도 했다.

의사가 되기 위한 교육 과정이 자리 잡은 유럽 대륙에서는 대학을 졸업하고 학사 학위를 얻는 것이 의사가 되기 위한 최소한의 기준이었다. 여전히 교육이나 면허를 받지 않은 의사들이 환자를 치료했지만, 면허 제도가 점차 자리 잡으면서 사라졌다.

19세기 의학의 발전

19세기 의학은 과학과 더불어 크게 발전했다. 에드워드 제너 (1749~1823)는 소의 고름을 사용해 천연두를 예방하는 방법을 발견했다. 세포와 조직을 연구하는 조직학과 살아 있는 생물의 기능을 연구하는 생리학, 신체 조직을 연구해서 질병의 성질을 밝히는 병리학, 화학 물질을 사용해서 병을 치료하는 화학 요법, 세균을 연구하는 세균학 등도 발전했다. 청진기로 몸 안의 소리를 듣고 진단하는 방법이 등장했고, 마취제가 사용되어 수술을 받는 환자의 고통을 줄였다.

수술에서 큰 문제는 세균 감염으로 상처가 덧나는 것이었다. 하지만 당시까지만 해도 세균의 존재가 밝혀지지 않아 여전히 수술 환경은 지저분했다. 환자를 감는 붕대, 의사의 옷, 수술 기구 등에서 세균에 감염되어 수술 후 회복하지 못하고 죽는 비율이 80%에 달했다.

영국 글래스고 대학의 외과 교수였던 조지프 리스터(1827~1912)는 1865년 수술 전에 소독하는 방법을 고안했다. 그는 공기 중에 있는 미생물이 부패를 일으키는 원인이라는 파스퇴르의 생각을 받아들여 여러 가지 화학 물질을 사용해 실험을 했다. 실험 결과 석탄산 화합물이 소독하는 데 가장 효과적이라는 것을 발견했다. 그래서 수술할 때 석탄산을 물에 섞어 수술실 여러 곳에 분무기로 뿌리고, 석탄산에 담가 둔 붕대로 상처를 감쌌다. 이런 방법을 도입한 후 그의 병원에서는 상처가 덧나는 일이 거의 사라졌고, 사지 절단 수술을 받고 살아나는 비

리스터의 수술 모습 그림으로, 의자 위에 소독을 위한 분무기가 놓여 있다(왼쪽), 당시 사용된 분무기(오른쪽)

율이 45%에서 85%까지 올라갔다. 이 방법은 전쟁터에서 큰 성과를 거두었다.

19세기 말부터는 수술할 때 특별한 수술복을 입고, 수술 기구도 소독했으며, 20세기가 되면서 의사는 수술할 때 감염을 막기 위해 얇은

미국 최초의 흑인 의사, 제임스 더햄

제임스 더햄(1762~1802)은 1762년 미국 필라델피아에서 태어났다. 노예 신분이었던 그는 여기저기 팔려 다니면서 의사들을 도우며 의술을 익혔다. 제임스 더햄은 뉴올리언스의 의사 로버트 도브에게 팔려 가 조수로서 치료를 도왔다. 도브는 더햄을 친구로 생각하고 노예에서 해방했을 뿐 아니라 경제적으로 도움을 주었다. 더햄은 자신의 치료소를 차렸고, 의사로 성공했다. 그와 오랫동안 교류했던 의사 벤저민 러시는 "더햄에게 병 치료에 관해 내가 가르쳐 준 것보다 그에게 배운 것이 더 많다"고 했다.

고무장갑을 끼기 시작했다.

현대적 의학 교육의 확립

19세기부터는 표준화된 의학 교육 과정과 면허 제도가 자리 잡았다. 유럽 대륙에서 의사가 되려면 5~6년간 대학에서 공부하고 1~2년간 병원에서 실습 교육을 받아야 했다. 대학을 졸업한 후에는 공식 시험을 통과해야 의사 면허를 얻을 수 있었다. 영국의 경우 내과 의사는 의학사, 외과 의사는 외과 학사 학위를 받았고, 더 공부하면 의학 박사 학위를 받았다.

미국은 건국 초기에 인구가 급속히 늘었기 때문에 의사가 부족했다. 그래서 대학에서 2~4개월 수업을 듣고 1~2년 실습을 하면 의사가 될 수 있었다. 19세기 후반에 들어서면서 의학 교육 시간이 점점 늘어났고, 1894년 존스홉킨스 의과 대학에 지금과 같은 현대적 교육 제도가 만들어졌다. 의과 대학에는 대학 졸업자만 들어갈 수 있고, 4년간 강의를 듣고 실습한 후 국가에서 주관하는 면허 시험을 통과해야 의사가 될 수 있었다.

20세기 대부분의 나라는 영국이나 미국의 교육 제도를 따르지만, 우리나라와 중국 등 몇몇 나라에서는 전통 의학 교육과 서구식 의학 교육을 각각 운영한다.

체계적인 의학을 발전시킨
동아시아

● 중국

송·원 시대 국립 의사 학교와 이슬람식 의료 기관

당의 뒤를 이은 송宋 왕조는 황실을 중심으로 각 지방에 관리를 파견해서 나라를 다스리는 강력한 중앙 집권 정치 제도를 만들었다. 성리학 같은 새로운 유학 사상이 발전했고, 관리를 시험으로 뽑는 과거 제도와 교육 제도도 자리를 잡았다. 경제적으로는 농산물의 생산이 많이 늘어나고 상공업과 무역이 발전했으며, 인쇄술의 발달로 책이 널리 보급되었다.

송나라는 국립 학교인 '의학'을 수도와 지방 도시에 세워 의학을 가르치고 의사를 양성했다. 이 학교 학생들은 3년마다 예비 시험을 치르고, 합격한 사람은 수도에 모여 최종 시험을 보았다. 최종 시험을 통과하면 의술에 종사하는 관리가 되었다.

송나라는 북쪽 여진족이 세운 금金이 세력을 확장하면서 중국 남부 지역으로 밀려났고, 몽골이 세운 원元 왕조에 의해 역사에서 사라졌다. 원나라는 중국뿐 아니라 러시아, 동부 유럽까지 세력을 넓혔다.

원나라도 기본적으로 송나라의 제도를 따랐는데, 특이하게도 이슬람식 의료 기관인 '광혜사'를 설치했다. 원나라가 페르시아 지역을 정복한 후 원나라 군대에 이슬람 문화권 출신 군인이 늘어났는데, 이들은 이슬람식 치료를 받기 원했다. 그래서 이슬람 의사를 뽑아 그들 방식대로 치료하게 했다. 또한, 수도인 베이징에는 이슬람 의사가 이슬람 약을 써 치료하는 '회회약물원'이란 병원도 세웠다.

유학자 의사의 탄생

송나라 이전에도 뛰어난 의술을 지닌 학자나 관리는 있었지만, 송나라에 들어서 유교적 사상을 바탕으로 의학의 이치를 연구하는 유학자 의사인 '유의'가 본격적으로 늘어났다. 당시 지식인 계층은 유학을 공부하면서 다양한 방면의 지식을 쌓았다. 인쇄술이 발달해 의학 서적이 많이 보급되자 글을 읽고 합리적으로 사고할 수 있는 유학자 중에 의학을 공부하는 사람이 많아졌다. 이들 중 일부는 가정 형편이 어려워서, 혹은 자기나 가족 중 병자가 나온 것을 계기로 치료만 전념하는 의사가 되기도 했다. 지방에서 근무하는 관리는 자신과 백성의 건강을 돌보기 위해 의학을 공부했다. 유의 중에는 의학을 공부하기 이전에 이미 학문으로 이름을 날린 사람도 있었고, 과거 시험에 여러 번 떨어지고 나서 의사가 되는 사람도 있었다. 이들은 의학 지식을 체계적으로 정리하고 자신의 생각을 책으로 쓸 수 있는 능력도 있어서 많은 의학책을 펴냈다.

범중엄의 불위양상 즉위양의

송의 유명한 정치가이자 문학자인 범중엄(898~1052)은 불위양상 즉위양의(不爲良相 則爲良醫), '훌륭한 재상이 되지 못한다면 좋은 의사가 되겠다'라는 말을 남겼다. 범중엄은 관직에 오르기 전에 조상의 신주를 모신 사당에서 기도하며 신에게 "훗날 재상이 될 수 있겠습니까?"라고 물어보았는데, 그럴 수 없다는 답을 들었다. 이어 "그렇다면 좋은 의사가 될 수 있겠습니까?"라고 물어보았는데, 여전히 그럴 수 없다는 답을 들었다. 그러자 범중엄은 "백성을 이롭게 할 수 없다면 대장부의 뜻이 아니다"라고 탄식했다.

나중에 범중엄이 높은 관리가 되자 사람들이 "대장부가 재상이 되고자 하는 것은 당연하지만 어찌 의사 같은 천한 일을 하고 싶다고 기도했느냐?"라고 물어보았다. 범중엄은 만일 재상이 되어 천하 만민을 돌보지 못한다면, 위로는 임금과 부모의 병을 치료하고, 아래로는 가난한 백성을 구하기에는 의사만 한 이가 없다고 대답했다. 이는 당시 유학자 의사의 전통이 만들어지고 의사의 사회적 지위가 향상되었음을 보여 준다.

진단과 치료의 발달

송·원 대에는 맥을 짚어 질병을 진단하는 방법이 계속 발전했다. 그뿐만 아니라 혀의 상태를 관찰해서 어떤 병에 걸렸는지 알아내는 설진법도 등장했다. 의사는 사람의 몸 상태가 정상일 때 혀의 상태와 각종 질병에 걸렸을 때 혀가 어떻게 변하는지를 기록해 두고, 이 기록을 보고 병을 진단했다.

또한, 사람의 모습을 한 금속 인형의 표면에 침을 놓거나 뜸을 뜨는 자리인 경혈을 표시한 침구동인을 만들어 치료 기술을 익히고 시험을 볼 때 활용했다. 시험을 볼 때는 인형의 머리에 있는 작은 구멍으로 수은을 부어 두고, 인형의 표면에는 초를 만드는 원료인 밀랍을 발랐다. 정확한 자리에 침을 놓으면 수은이 흘러나오고, 제자리에 놓지 못하면 침이 들어가지 않게 해서 정답 여부를 확인했을 것으로 추측한다. 당시 만든 인형은 없어졌지만, 이후에도 중국과 우리나라, 일본에서 의학을 배울 때 동일한 인형을 만들어 사용했다.

이전 의료 제도를 따른 명·청

원나라를 몰아낸 명明 왕조는 기본적으로 송·원 시절의 의료 제도를 따랐고, 명을 이은 청도 이와 크게 다르지 않았다. 최고의 의료 기관은 수도에 세워진

창덕궁에 소정되어 있던 **침금동인**으로, 354개의 경혈이 나타나 있다(국립고궁박물관 제공).

'태의원'이었다. 태의원은 황제와 황실, 관리의 건강을 치료하는 국립 병원이자 의사를 교육하는 학교였고, 전염병 대책 등 국가의 의료 정책과 약품을 관리하는 관청 역할을 했다. 지방에도 세 명의 의관을 파견했고, 혜민약국이나 양제원처럼 가난한 백성을 치료하는 기관도 있었다. 또한 명·청 대에는 신선이 되기 위한 수련, 무당의 주술, 장생불사를 위한 연단술 등을 못하게 했고, 나라에서 사당을 지어 유명한 의사를 모셨다.

의사 교육과 세습 의사

명나라는 법으로 의사를 국가에 등록하고 대대로 자식에게 직업을 물려주도록 했다. 태의원에서 학생을 모집할 때는 의사의 아들을 우선적으로 뽑았다. 만일 의사의 직계 자손(아들이나 손자)이 없으면 형제나 조카가 입학했다. 관리가 추천하는 경우에는 시험을 치러 합격하면 입학할 수 있었다. 그 외에도 의료 지식이 있는 사람이 돈을 내면 시험을 면제받아 입학하기도 했다. 이처럼 돈을 내고 의사가 되는 사람이 늘어나게 되면서 의사의 수준이 전체적으로 낮아졌다.

태의원이나 지방 의학 학교를 졸업한 의사는 관리이자 의사, 즉 '관의'였다. 관의는 수도의 태의원뿐 아니라 지방 관청, 군대, 감옥 등 의사가 필요한 여러 부서에서 근무했다. 민간에서 환자를 치료하는 대부분 의사는 유명한 의사를 스승으로 모시고 공부한 사람이었다. 이

들은 요즈음 개인 병원처럼 각자 병원을 차려 환자를 치료하고 돈을
벌었다.

시대마다 달라진 의사의 대우

송나라와 원나라 때 관의는 좋은 대접을 받았다. 특히 원나라 의사
의 사회적 지위는 모든 왕조를 통틀어 가장 높았고, 다른 왕조에 비해
고위 관직을 얻었다.

하지만 명·청 대로 오면서 의사에 대한 대우는 점점 나빠졌다. 당
시 의사는 점치는 사람, 그림 그리고 노래하는 사람과 마찬가지로 하
찮은 기술을 익혔다고 여겨졌다. 명나라 초기에는 태의원 의사도 월
급이 없었다. 나중에 월급을 주긴 했지만 한 달에 쌀 5말밖에 되지 않
아 먹고살기 힘들 정도였다. 생활이 어려워 몰래 도망가는 의사도 있
었는데, 이들은 멀리 지방으로 가서 병원을 열었다. 국가에서는 도망
간 의사를 잡아 처벌했다.

의학의 발전

명·청 대에는 전염병을 대처하는 방법이 크게 발전했다. 특히 명나
라 때부터 천연두를 예방하기 위해 인두법을 시행했다. '인두법'은 천
연두 환자의 고름을 뽑아 건강한 사람의 몸에 넣는 일종의 예방 접종
이었다.

청나라 때에는 천연두가 번지는 것을 막기 위해 천연두 환자가 나오면 9일간 방문을 금지하고, 환자는 정해진 지역으로 옮겨 격리했다. 청나라 4대 황제인 강희제(1654~1722)는 황태자와 황손에게 천연두 예방을 위한 인두법을 시술하고, 백성들에게도 적극적으로 권장했다. 1805년에는 유럽 상인을 통해 제너의 우두법도 들어왔다. 이런 노력으로 청나라 때에는 천연두가 크게 줄어들었다.

천연두 예방 접종을 놓는 정확한 위치를 알려 주는 청나라 말기의 그림
ⓒwellcome collection

근대적인 해부학도 발전했다. 청나라 의학자 왕청임(1768~1831)은 고대 의학책에 나온 해부학 내용에 의심을 품고, 직접 사형장이나 무덤에서 시체를 구해 인체를 연구했다. 그는 1830년, 40여 년간의 연구 결과를 『의림개착』에 담아 고전 의학의 잘못된 점을 바로잡았다.

청 대에는 국가에서 의학 서적을 만들어 보급했다. 특히 전국의 의학 서적을 모아 태의원에서 정리한 『의종금감』은 당시 가장 완성도가 높은 종합 의학 서적으로, 청나라 말기까지 의학 교과서로 쓰였다.

서양 의학의 전파

명나라 시절에서부터 이미 서양과의 교류을 통해 서양 의학이 들어왔다. 스위스 출신 선교사 요한 테렌츠 슈렉(1576~1630)은 해부학책을 중국어로 번역해서 소개했다. 아편 전쟁 이후 중국에 진출한 선교사들은 진료소와 병원을 세워 선교의 중요한 수단으로 활용했다. 교회에서 세운 병원과 진료소는 1876년 약 40여 곳이었다가 1905년이 되면 400여 개에 달할 정도로 많이 늘어났다. 이들은 의학 교육을 위한 학교도 만들었다.

1866년 박제의학교를 시초로 학교를 세우고 서양식 의학을 가르치기 시작하면서 자연스럽게 전통 의학을 배운 의사(중의)와 서양 의학을 배운 의사(서의)로 나뉘었다. 서의는 주로 도시에서 병원을 열어 내과, 외과, 소아과 등 전문 과목을 진료했는데 치료비가 비쌌다. 반면 중의는 주로 지방에서 한 사람이 여러 종류의 질병을 치료했지만, 돈을 많이 받지 않았다. 일부 전통 의학을 배운 의사들은 서양 의학의 생리학과 해부학을 연구해서 중국 의학의 효과를 증명하려고 했다. 하지만 당시 의사들의 서양 의학에 대한 이해가 높지 않아 별 성과를 거두지는 못했다.

● 우리나라

고려의 의료 제도

고려는 통일 신라와 중국 당·송 왕조의 제도를 참고해 의료 제도를 만들었다. 의료 기관은 수도인 개경과 지방 고을에서 일하는 관리를 치료하기 위한 곳과 일반 백성을 치료하기 위한 곳으로 크게 나눌 수 있다. 아픈 관리를 치료하거나 약품의 제조, 의학 교육과 시험을 총괄하는 '태의감'과 국왕과 왕실 가족의 치료를 전담하는 '상약국'은 대표적인 중앙 의료 기관이었다.

일반 백성은 '동서대비원'에서 치료받았다. 불교의 자비 사상에 입각해 만들어진 동서대비원은 약과 식량을 갖추어 놓고 가난한 백성의 병을 치료하고 먹을 것과 입을 것을 나누어 주었다.

'제위보'라는 기관에서는 곡식이나 돈을 빌려주고 받은 이자로 가난한 사람이나 집이 없는 떠돌이 병자를 도와주었다. 또 '혜민국'에서는 약을 구하기 힘든 백성에게 무료로 약을 나눠 주었다.

지방에도 관리 의사인 '의관'을 파견했는데, 이들은 주로 지방 관리나 세력가를 치료했다. 큰 도시가 아닌 고을에는 '약점'을 두었고, 지방 관리인 약점정이 의료 상담, 질병 치료, 약재 구입 및 판매 등을 담당했다.

고려의 의학 교육과 의과 시험

고려에는 의사 교육 기관으로 서경(평양)과 남경(서울), 동경(경주)에 '의학원'이 있었다. 지방 행정의 중심지에는 지금의 의대 교수 격인 의학 박사를 파견해서 의사 지망생을 가르쳤다. 여기서 공부를 마친 학생은 대부분 '의관'이 되었다.

고려 시대에는 과거 제도가 본격적으로 시행되었고, 과거 과목 중 의업(의과 시험)이 있었다. 의업은 복업(천문 관찰), 지리업(풍수지리 관련) 등과 함께 잡업에 속했고, 3년에 한 번씩 시험을 치렀다. 하지만 의과에 급제해도 1~9등급 관직 중 최대 4등급까지만 승진할 수 있었고, 보통 7등급에 그쳤기 때문에 문과 응시 자격이 있는 사람 중에는 의과를 보고 의관이 되는 사람은 별로 없었다. 태의감이나 상약국의 높은 자리는 문과 시험 출신 관리가 차지했다.

고려 시대의 여러 의사

의사로 관리가 된 사람들은 공무원(관의)으로 관청에 배치되어 일했다. 왕을 치료하는 어의부터 왕세자를 치료하는 동궁 의관, 관리를 치료하는 한림 의관이 있었고, 왕실의 먹거리를 관리하는 식의, 군대에 파견되어 병사의 건강을 돌보는 군의, 감옥에서 일하는 옥의, 가축을 치료하는 수의까지 여러 종류의 의사가 있었다.

고려는 무신의 난을 겪고, 몽골의 침입을 받으면서 의료 제도가 무너져 갔다. 하지만 의학책이 많이 보급되어 의학 지식이 높아졌고, 우리나라 땅에서 나는 약재를 이용한 치료법이 발전하면서 의관이 아닌 의사가 주로 백성을 치료했다. 유학을 공부하는 학자 중에서 중국 의학책을 읽고 이해해서 약을 짓고 치료하는 유의가 있었다. 이들 중에는 높은 관리를 그만둔 뒤 고향에서 병자를 돌보는 사람도 있었다.

민간에서 병원을 차리고 돈을 버는 의사도 있었는데, 대부분은 집안 대대로 전해지는 의술을 배운 사람이었다. 나라에서 세운 학교에서 의학을 배우다가 중간에 그만둔 사람도 민간 의사가 되었다. 뛰어난 실력을 보이는 민의를 나라에서 의관으로 뽑기도 했다.

불교 승려도 의사 역할을 했다. 승려 의사는 부처의 자비를 구현하기 위해 아픈 병자를 치료하고, 치료를 불교를 알리기 위한 수단으로 삼았다. 절은 수도원이나 요양소처럼 병자를 치료하는 장소였는데, 특히 귀족이나 부유한 계층은 절에서 전문적인 치료를 받았다. 여전히 주문을 외고 간단한 약을 쓰는 무속 의사도 있었는데, 가난한 사람은 주로 이들의 치료를 받았다.

우리 땅에서 나는 약재를 활용

고려 때는 중국 등의 외국과 교역이 활발했다. 송 왕조 때에는 중국 의사가 고려에 와서 몇 달씩 머물며 의학 교육과 질병 치료를 했다. 고려는 의학 서적을 많이 수입했다. 의사들이 주로 중국 의학을 공부했기 때문에 사용하는 약도 대부분 중국산 재료로 만든 것이었다.

하지만 고려 말기 몽골의 침입으로 중국으로부터 약재를 수입할 수 없게 되면서 고려 땅에서 나는 약재에 관한 관심이 커졌고, 이를 이용해서 약을 만들기 시작했다. 우리 땅에서 나는 약재를 '향약'이라고 하는데, 이를 사용해서 질병을 치료하는 방법을 모아 『향약구급방』을 간행했다. 이 책은 1236년경 나왔을 것으로 짐작하는데, 현재 남아 있는 우리나라의 가장 오래된 의학책이다. 원본은 없어졌고 1417년 조선 시대에 다시 펴낸 책은 불행히도 일본 왕실이 보관하고 있어 쉽게 보기 힘들다.

조선의 의료 제도와 의학 교육

조선의 의료 제도는 기본적으로 고려와 흡사했다. 관리의 치료와 약재의 재배, 채집과 구입, 의학 교육 및 의관 선발, 의학 서적 편찬 등 의료 관련 중요한 일을 책임지는 '전의감'이 있었고, 왕과 왕실 가족의 치료는 '내의원'에서 담당했다.

백성들을 치료하고 약을 공급하는 일은 '혜민서'가 했다. 지방 관청에는 치료소 겸 의학 교육 기관인 '의원'을 설치했다. 의원에는 치료를 담당하는 의사 겸 학생을 가르치는 교유, 약재를 구하고 품질을 관리하는 심약, 의학을 배우고 때로는 의학 교유를 도와 치료하는 의생이 있었다.

전의감과 혜민서 같은 의료 기관에도 의학을 공부하는 학생이 있었다. 이들이 과거의 의과 시험에 주로 응시했다. 하지만 과거에 합격한다고 바로 의관이 되지는 못했다. 관리가 될 수 있는 사람의 수가 정해져 있었기 때문에 자리를 얻기 위해서는 오래 기다려야 했다. 보통 한 자리를 여러 명이 정해진 기간만 돌아가면서 맡기도 했는데, 근무한 기간만 봉급을 받았다.

의사가 되는 방법

조선 시대에 의관이 되는 길은 과거를 보고 합격하거나, 특별히 뛰어난 실력을 보여 특별 채용되는 것이었다. 또는 '의서습독관'을 거쳐 의관이 될 수도 있었다. 의서습독관은 전의감에서 선발한 젊은 의관과 선비 30명에게 의학과 관련한 기초적인 책부터 전문적인 책까지 공부하도록 하는 제도였는데, 매달 시험을 보아 성적이 좋은 사람에게 관직을 주었다. 이 제도로 문과 합격자도 의학을 공부했는데, "의술은 음양오행의 이치를 연구하고 이해하는 사람이 잘한다"라는 생각이 자리 잡고 있었기 때문에 조선에는 유학자 의사가 많았다. 이들은 고향에서 환자를 치료하거나 의학을 가르쳤고, 때로는 귀양을 간 관리도 귀양지에서 병자를 돌보기도 했다. 대대로 의사 집안 자손으로 의술을 물려받거나, 스승을 모시고 의학을 공부하거나, 책을 보고 혼자 공부해서도 의사가 될 수 있었다.

약재를 사고팔던 약재상 중에서 의사로 나서는 사람도 있었다. 이들은 의관이 아닌 민간 의사였고, 민간 의사가 되는 데는 특별한 자격이 필요 없었다.

의관의 지위

조선에서는 의관이 고급 관리가 될 수 없도록 법으로 정해 두었다. 조선의 기본 법전인 『경국대전』에서 정한 의관의 직위는 종삼품까지였다. 하지만 특별한 공을 세우거나 왕이 총애하는 의관은 더 높은 품계를 받기도 했다. 문신 관리와 무신 관리 등 양반 지배층은 의관이 높은 관직에 올라 자기들의 자리를 빼앗는 것을 싫어했다. 그래서 계속 의사를 역관(통역사), 율관(법률 담당), 일관(기상과 천문)과 함께 기술직인 '잡직'으로, 신분상으로는 중인이 갖는 직업으로 못 박았다. 하지

의녀 제도

조선의 유교 문화는 남녀유별을 중시해서, 양반 가문의 여자들은 남자 의사의 치료를 받기 꺼렸다. 여자 환자의 치료를 위해 1406년 어린 소녀를 뽑아 천자문 등 글을 가르치고, 침놓는 법, 산부인과 치료법 등을 가르쳐 의녀로 삼았다. 이들은 전문 기술을 가진 의사라기보다는 의사를 보조하는 역할을 했고, 기녀나 노비처럼 천민으로 취급했다.

만 조선 후기로 갈수록 높은 관직에 오르는 의관이 늘었다. 의관과 역관은 기술직 중에서 가장 핵심적인 자리였다.

우리 의학의 발전, 『향약집성방』과 『의방유취』

조선 시대에는 우리 약재(향약) 사용을 권장했다. 세종(1397~1450) 때는 중국 약과 우리 약을 비교해서 효과를 검토하고, 중국에 사신을 보내 명나라 태의원 소속 의사와 같이 연구하게 하기도 했다. 우리 약으로 대신할 수 없는 중국 약재는 종자를 수입해 우리나라에서 기르도록 했고, 전국의 약초를 조사해서 어디서 무엇이 자라는지를 파악했다. 1431년부터 집현전 학자들은 우리나라 약을 사용한 치료 방법을 수집해서 연구했고, 이를 정리해 1433년 종합 의학 서적 『향약집성방』을 펴냈다. 『향약집성방』은 중국산 약재를 구하기 힘든 지방에서 적극 이용했다.

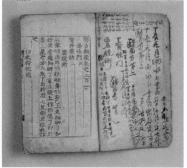

『향약집성방』 서문(왼쪽)과 『의방유취』 201권 본문 첫 장(오른쪽)

1445년부터 1448년까지 집현전 학자들과 의관들은 고대부터 전해 온 의학 서적을 종합 정리했다. 당시 의학책들은 주로 송나라 때 나온 것들이어서, 여기에 송나라 이후 의학 발전을 추가해 『의방유취』라는 방대한 의학 서적을 만들었다. 『의방유취』는 동아시아 의학 지식을 모아 둔 백과사전 같은 것으로, 지금은 사라진 중국의 고대 치료법이 남아 있다.

허준의 『동의보감』

16세기 무렵부터 조선에는 명나라의 최신 의학책이 들어왔다. 허준 (1539~1615)은 왕의 명을 받아 중국의 의학과 조선의 의학을 하나로 모아 동료 의사들과 함께 『동의보감』을 만들기 시작했다. 중간에 일본의 침략(임진왜란)으로 인해 중단되었다가 전쟁이 끝난 후 혼자서 계속하여 1610년에 완성했다.

당시 대표적인 의학서적인 『향약집성방』은 주로 우리나라 약재의 효능이 중심이었고, 『의방유취』는 명나라 이전 중국 의학을 정리한 것이었다. 『동의보감』은 이 두 가지 내용에 명나라 이후 새로운 의학 발전까지 더해 그 시대의 의학을

임상 의학적 방법에 따라 전문과별로 나누어 진단과 처방을 정리해 놓은, 동양 최고의 의학서 가운데 하나인 『동의보감』

허준(1539~1615)은 조선 중기의 대표적인 의사이자 의학자이다. 빼어난 의술로 추천을 받아 내의원에 들어가 궁중 의사가 되었다. 광해군이 왕자일 때 병을 치료하고, 임진왜란 때는 선조를 따라 피난하면서 왕의 건강을 돌보았다. 1600년에는 내의원에서 가장 높은 의사가 되었으나 1608년 선조가 세상을 떠나자 책임을 지고 궁에서 쫓겨났다. 1611년 광해군 때 다시 내의원에 돌아와서 의학 교육과 의학 서적 편찬에 힘을 쏟았다.

그가 낸 책 중에서 『동의보감』이 제일 잘 알려졌지만, 전염병 치료에 관한 『신찬벽온방』과 성홍열(목의 통증, 고열, 발진이 생기는 전염병)을 다른 전염병과 구별한 『벽역신방』도 유명하다.

총정리해서 이후 우리나라 고유 의학의 뼈대가 되었다. 영향력이 너무 커서 새로운 의학의 등장이 늦어질 정도였다.

『동의보감』은 우리나라뿐 아니라 일본과 중국에서도 여러 번 출간되었다. 허준이 직접 펴낸 『동의보감 어제본(왕이 직접 쓰거나 명령을 내려 만든 책)』은 국보 319호로 지정되어 국립중앙도서관에 보관되어 있으며 2009년 유네스코 세계 기록 유산으로 등록되었다.

민간 의사의 증가와 치열한 경쟁

조선 후기에는 인구가 증가하고 도시에 사람이 많이 모여 살면서 의사와 약방이 많이 생겼다. 의사가 늘어나면서 더욱 많은 사람이 의료 혜택을 받을 수 있었다. 의사들끼리 경쟁이 치열해지긴 했지만 제대로 의술을 배우지 못한 사람도 많아서 전체적인 의료 수준은 떨어졌다.

의사의 수준을 크게 세 가지로 나누었는데 가장 뛰어난 의사인 '상의'는 병이 생기기 전에 예방하는 사람이고, 보통 의사인 '중의'는 병이 발생하면 잘 치료하는 사람이고, 실력이 없는 의사인 '하의'는 치료하다가 환자에게 해를 끼치는 사람이었다. 하지만 일반 백성들은 이를 구별하기 어려워서, 말재주나 겉치레를 보고 의사를 선택하는 경우가 많았다. 의사는 당장 좋은 치료 효과를 거두기 위해 장기적으로 환자에게 피해가 가더라도 정해진 것보다 더 강력한 약을 사용하여 치료했다.

서양 의학의 도입과 새로운 의학

17세기 초부터 중국에 다녀온 외교 사절이 서양 문물을 가져와 우리나라에 소개했다. 1645년 청나라에서 소현세자가 돌아오면서 서양 선교사가 중국어로 번역한 의학책을 처음 가져왔다. 실학자 박지원(1737~1805)은 청나라에 다녀오면서 보고 들은 것을 기록한 『열하

일기』에서 서양 의학을 간단히 소개했다. 최한기(1803~1877)는 중국에서 선교 활동을 하던 영국 의사 벤저민 홉슨이 쓴 의학책을 편찬해 『신기천험』이라는 본격 의학 서적을 펴냈다. 이 책에서 동양보다 훨씬 앞서 있는 서양의 해부학과 생리학, 병리학, 약물을 설명했다.

19세기 말, 이제마(1838~1900)는 『동의보감』과는 다른 새로운 의학을 주장했다. 그는 사람의 체질을 태양인, 소양인, 태음인, 소음인 네 가지로 나누고 체질에 따라 다른 치료 방법을 사용했다. 이를 '사상 의학'이라고 하는데 질병을 중심으로 한 치료법이 아니라 사람을 중심으로 한 치료법이었다. 이제마의 사상 의학은 그때까지의 전통적인 의학과는 다른 새로운 생각이었다.

개항과 대한 제국의 수립

1876년 일본은 군함을 앞세워 조선을 압박하고 강제로 강화도 조약을 맺었다. 그 결과로 부산, 원산, 인천의 세 항구를 열었고(개항), 이후 미국과 영국, 독일, 러시아, 프랑스에 잇달아 문을 열었다. 이후 조선은 일본과 청, 미국 등에 사절단과 유학생을 보내 새로운 제도와 기술을 배우고, 정치와 사회 제도를 개혁했다. 1897년에 고종(1852~1919)은 '대한 제국'을 세우고 직접 초대 황제로 즉위한다. 하지만 나라의 힘은 점점 약해져 결국 1910년, 끝내 일제에 국권을 빼앗기고 식민 지배를 받게 된다.

천연두 예방을
위한 종두 시술에 쓰인
도구. 종두침과 종두액, 종두액을
떨어뜨리는 두장판으로 구성되어 있다.
(서울대학교 의학박물관 제공)

종두법을 적극 알린 지석영

영국의 과학자이자 의사인 에드워드
제너(1749~1823)는 1791년 소에게서
채취한 원료로 만든 천연두 예방 백신
(우두)을 발견했다. 우두는 독성이 약하
고, 접종이 간편하고, 장기간 보관할 수
있었다. 1876년 일본 외교 사절단에 포
함된 의사 박영선은 우두 접종법인 종

두법과 관련된 책을 가져와 제자인 지석영(1855~1935)에게 전했다.
1879년 지석영은 부산에 있던 일본 의사를 찾아가 시술법을 배워서
최초로 천연두 예방 접종을 시행했다. 1880년에는 직접 외교 사절단
을 따라 일본에 건너가 천연두 예방 백신의 원료인 두묘 만드는 법을
배우고 돌아왔고, 1885년에는 『우두신설』을 써서 종두법을 알렸다.
정부는 1895년에 법을 만들어 접종 대상, 접종 시기, 접종 방법을 정해
강제로 우두 접종을 받도록 했고, 접종 담당 의사를 양성하기 위한 기
관을 만들었다. 지석영은 과거에 급제해 관리로 높은 자리에 올랐고,
평생 종두법의 보급과 정착에 힘썼다.

서양식 병원 제중원과 의료 선교

당시 미국 공사관에서 의사로 일하던 호러스 앨런(1858~1932)은 왕

우리나라 최초의 서양식 병원인 제중원(왼쪽)과 여성 전문 병원인 보구여관(오른쪽)

비의 조카를 치료하고 고종의 신임을 받아 왕실 의사가 되었다. 그는 고종에게 왕실에서 지원하고 서양 선교사가 운영하는 병원을 만들 것을 건의했고, 고종은 이를 받아들여 1885년 최초의 서양식 병원인 '제중원'을 세웠다. 그다음 해에는 '제중원 의학당'을 세워 서양식 의학 교육도 시작했다. 제중원의 실제 운영은 앨런이 맡았고, 앨런이 미국으로 돌아가고 나서도 계속 후임 선교사가 운영했다.

1894년에 조선 정부는 제중원의 운영권을 선교사들에게 완전히 넘겼고, 제중원은 미국인 루이스 세브란스(1838~1913)의 기부를 받아 현대식 설비를 갖추고 세브란스병원으로 다시 태어났다.

개신교 각 교파는 선교사를 파견하고, 전국 각지에서 의료를 통한 개신교 선교 활동을 활발히 벌였다. 서울을 비롯한 평양, 함흥, 원산, 군산, 전주, 목포, 대구, 부산 등 주요 도시마다 서양 선교사가 병원을 세웠다. 1887년에는 여성들이 편하게 이용할 수 있도록 미국 여성 의사가 치료하는 여성 전문 병원 '보구여관'이 서울에 설립되었다.

근대 의학 교육

대한 제국은 1899년 근대식 국립 의학 교육 기관인 '의학교'를 설립했다. 이 학교의 교장은 지석영이었다. 1903년에 3년 과정의 의학 교육을 마친 19명이 처음으로 졸업했다. 1회 졸업생들은 모두 이 학교의 교사가 되었다. 의학교는 1907년까지 8년 동안 운영되었고, 졸업생들은 나라에서 세운 병원과 군대에 소속된 의사로 일했다.

또한 선교사가 세운 병원에 딸린 의학교에서도 서양식 의학 교육을 했다. 점점 서양식 의학 교육이 활발해지면서 전통 의학은 밀려났다. 이에 전통 의학을 배운 왕실 의사들이 한의학을 가르치는 학교를 만들 것을 주장해 1904년 최초로 근대식 한의학 교육을 하는 동제의학교가 설립되었다. 하지만 1907년 고종 황제를 일제가 강제로 황제 자리에서 물러나게 하면서, 3년 만에 학교 문을 닫는다. 이후 1953년까지 전통 의학을 가르치는 학교는 없었다.

우리나라 최초의 의료 면허

1900년 오늘날 의사 면허와 같은 자격 제도가 실시되었다. 대한 제국은 '의사 규칙'을 발표해 의사의 자격을 정했는데, 여기에는 전통 의학을 공부한 의사와 서양 의학을 공부한 의사 모두가 해당했다. 또한 관청의 허락 없이 의료 활동을 하면 처벌받는 규정을 두고, 요즘의 의사 면허에 해당하는 '의술개업인허장'을 받은 의사만 환자를 치료하

박에스더(1877~1910)는 미국에 유학해서 서양 의학을 배운 최초의 여성 의사다. 선교사의 집에서 일하던 아버지의 영향으로 신학문을 배우기 시작했고, 보구여관에서 통역과 치료를 도우면서 기초 의학을 배웠다. 1896년 미국 볼티모어 여자 의과 대학을 졸업하고 보구여관으로 돌아와 의사로 일했다. 불행히도 환자 치료 과정에서 폐결핵이 옮아 34세에 세상을 떠났다.

도록 했다. 1908년 세브란스병원 의학교를 졸업한 7명의 학생이 최초로 의술개업인허장을 받았다.

일제 통감부가 세운 대한의원

1905년 을사늑약 이후 일제는 대한 제국 한성부(지금의 서울)에 통감부를 설치하고 우리나라의 정치와 외교를 마음대로 주물렀다. 이들은 대한 제국의 의료 기관을 통합해서 1907년 '대한의원'을 만들었다. 대한의원에는 의료 정책을 담당한 위생부와 진료를 담당한 치료부, 의사와 약사, 조산사, 간호사 등을 양성하는 교육부가 있었다. 대한의원은 이후 의학교도 별도로 분리하고 내과, 외과, 안과 등 9개의 전문

진료과를 두어 서양 의학 전문 병원의 체제를 갖추었다. 하지만 의료진에 우리나라 사람은 거의 없었고, 진료비도 비싸 주로 일본인이 이용했다.

광복 이후 서울대학교 의과 대학으로 사용되다가 지금은 서울대학교병원 의학박물관으로 사용 중인 옛 대한의원 건물

의사의 지위가 높아지다

1910년 일제는 대한 제국의 국권을 강탈하고 식민지로 삼아 1945년까지 지배한다. 식민지 지배 동안 일본 제국주의는 우리의 자원과 인력을 수탈해서 자신들의 전쟁 야욕을 채우는 데 이용했다. 많은 뜻있는 사람들이 일제의 만행에 맞서 독립을 쟁취하기 위해 싸웠다.

식민지를 지배하던 조선 총독부는 1913년 의사 관련 규칙을 다시 만들었다. 일본의 의사 면허가 있거나, 조선 총독이 지정한 의학교를 졸업하거나, 조선 총독이 정한 의사 시험에 합격한 사람만 의사가 될 수 있었다. 또한 전통 의학은 무시하고 서양 의학을 배운 사람만 의사로 인정했다. 의사의 기준과 자격이 명확히 정해지면서 의사의 지위와 사회적 대우는 좋아졌다.

장티푸스에 걸려 사경을 헤매다 미국 선교사 에비슨의 치료를 받고 살아난 백정 박성춘은 자기 아들 박서양(1885~1940)을 선교사에게 보내 신학문을 배우게 했다. 박서양은 당시 소나 돼지를 잡던 최하층 신분인 백정 출신이라고 무시를 당하기도 했지만 의학교에서 청소, 빨래와 같은 허드렛일을 하다가 학생이 되어 의학을 공부했다. 8년 동안 열심히 공부해

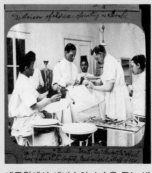

제중원에서 에비슨의 수술을 돕는 박서양 (가운데 탕건 쓴 사람)

서 세브란스병원 의학교의 첫 번째 졸업생이 되었고 최초의 의사 면허인 의술개업인허장을 받았다. 그는 의사가 된 후 세브란스병원 의학교 교수로 일하다가 만주로 떠나 독립운동에 헌신했다.

의사가 존경받는 직업이 되다

19세기 후반 개신교 선교사들이 서양식 의학교를 처음 만들 때만 해도 양반 가문의 자제는 오지 않고 주로 신분이 낮은 사람들이 의학교를 지원했다. 당시까지만 해도 의사는 지체 높은 신분이 하는 일이 아니었기 때문이다.

그러다가 1930년대를 거치면서 의사는 존경과 우대를 받는 직업으로 자리 잡았다. 의사의 지위가 달라진 이유는 1) 과학 발전의 결과로

서양 학문이 권위를 얻었고, 2) 보통 사람들도 위생과 의학의 중요성을 이해했고, 3) 의사가 되기 위한 조건과 자격이 엄격하게 정해져 아무나 할 수 없었고 4) 수입이 많고 안정적이었기 때문이다. 당시 중산층 가족의 수입이 50원 정도였는데, 의사의 평균 수입은 100원이었다. 의사의 수입이 높은 이유는 치료비가 비쌌기 때문이었다.

의사는 새로운 부유층으로 떠올랐다. 한국인 의사는 일본인 의사에 비해 차별을 받았지만, 의사는 조선 시대 중인 계급을 훌쩍 뛰어넘어 존경을 받고 부러움을 사는 직업이 되었다.

새로운 진단법과
전문가의 등장

20세기에 들어서면서 눈부시게 발전한 과학 기술과 결합해 새로운 진단법들이 등장하면서 질병의 치료에 획기적인 도움을 주기 시작했다. X선이나 초음파 등을 이용해 피부를 째지 않고도 뼈의 부러진 부분이나 몸속에 생긴 병을 찾을 수 있게 되었고, 치료 분야도 점점 더 세부적으로 나뉘었다. 동아시아에서는 서양 의학을 본격적으로 받아들이면서도 오랜 시간 이어 온 전통 의학을 지켜 나갔다.

진단 기술의 향상과
전문화되는 치료법

진단법의 눈부신 발전

20세기에 들어서 과학 기술이 빠른 속도로 발전하면서 환자의 병을 진단하거나 치료하는 새로운 기술과 도구가 등장했다. 물체를 통과하는 방사선인 X선이 발견되어 인체 내부를 촬영하는 의료 진단에 이용하기 시작했다. 사람의 혈액형을 구분하고, 치료를 위해 환자에게 다른 사람의 피를 주입하는 수혈과 마취된 환자의 호흡을 조절하는 방법도 크게 발전했다.

20세기 중반에는 레이저를 이용한 치료, 초음파를 이용한 진단법을 비롯해 질병 진단과 치료 기술이 눈부시게 발전했다. 하지만 일반 의학 교육을 받은 사람이 새 분야의 기술을 모두 이해하고 적용하기는 힘들었다. 그래서 특수 의료 기기와 치료법의 전문가가 등장했다.

전문화되어 가는 치료 분야

의사들의 치료 분야도 전문 영역으로 복잡하게 나뉘었다. 내과, 외과, 안과 같은 오랜 역사를 가진 분야에 더해 심장의학과, 마취과, 영상의학과 같은 새로운 분야가 생겼다. 전염병을 예방하고 확산을 막는 전염병학이나 질병의 원인을 연구하는 병리학처럼 치료보다 주로 연구를 하는 분야도 생겼다.

물리치료사, 마사지사, 트레이너, 척추지압사 등 근육과 뼈에 생긴 이상을 치료하는 전문가도 생겼다.

어려움을 딛고 발전한
동아시아 의학

● 중국

의사 자격시험을 실시하다

1911년, 쑨원이 이끈 신해혁명으로 청 왕조가 멸망하고 수천 년간 이어진 중국의 군주제가 막을 내렸다. 새롭게 탄생한 '중화민국'은 외부로는 영토를 노리는 일본의 침략에 맞서야 했고, 내부로는 다른 이념을 가진 중국 공산당과의 다툼으로 혼란을 겪었다.

중화민국 수립 이후 중국에는 선교사가 세운 서양 의학교를 졸업하거나, 외국에서 의학을 공부하고 돌아온 '서의'가 크게 늘었다. 1915년 중국인 서의는 100여 명이었는데 1935년에는 40배 이상 늘어난 4천 6백여 명이었다. 1919년에는 서의의 자격을 인정하고 면허를 발급하는 제도를 만들었다. 정부에서 인정하는 의학교를 졸업하거나, 외국에서 공부하고 그 나라의 의사 면허를 받은 사람, 서의 자격시험에 합격한 사람에게 의사 자격을 주었다.

1925년에는 중국 전통 의학을 공부한 중의 자격도 법률로 정했다. 중의도 마찬가지로 전통 의학을 가르치는 학교를 졸업하거나, 중의 자격시험을 통과한 사람 또는 5년 이상 의사 경력이 있는 사람을 심사해서 자격을 주었다. 1943년에는 의사 자격시험 합격자에게만 면허를 주도록 법을 바꾸었다.

의사들 사이의 차등이 생기다

이 시기에는 중의보다 서의를 존중하는 풍조가 퍼졌다. 중의는 서의보다 면허를 받기 쉬웠으나 국가 의료 정책에 참여하지 못했다. 게다가 중의는 '중의'라고 불렀지만, 서의는 그냥 '의사'라고 불렀다. 서의 중에서도 외국에서 공부하거나, 외국 의사 면허를 가진 사람을 중국 의학교 출신보다 존경했다. 외국에서 공부한 서의, 중국에서 공부한 서의, 중의 순으로 의사들 간에 차등이 있었다.

서양 의학이 성장하면서 서의가 늘어났고 국가 정책도 서의 중심이었지만 일반인들 사이에서는 중의의 지위가 막강했다. 1930년대 베이징을 기준으로 중의가 서의보다 2배 이상 많았고, 치료를 담당하는 의사는 중의가 서의보다 3배 이상 많았다. 농촌 지역에는 서의가 거의 없고 치료비도 비쌌기 때문에 중의나 민간요법, 무당의 주술 치료에 의존하는 사람이 대부분이었다.

중화 인민 공화국과 중서의 결합

1949년 마오쩌둥(1893~1976)을 중심으로 한 중국 공산당은 국민당 정부를 타이완섬으로 몰아내고 '중화 인민 공화국'을 수립했다. 중화 인민 공화국에서는 위생 관련 사업을 국가가 주도했고, 지방마다 국립 병원과 의학교를 만들었다. 또한 중국 전통 의학을 경시하던 것을 비판하고 중의와 서의가 협력하는 정책을 폈다.

초대 국가 주석 자리에 오른 마오쩌둥은 "중의의 지식과 서의의 지식을 결합해 신의학을 창조"하자고 강조했고, 이 중서의결합은 중국 의학의 주요 방침이 되었다. 1980년대 이후 중국 여러 의과 대학에서 '중서의결합 박사'와 '중서의결합 석사' 학위를 주고 있으며, 서의 자격으로 중의를 공부하는 사람도 6만여 명에 달한다. 중국에는 중의, 서의, 중서의결합의뿐 아니라 좡족, 몽골족, 위구르족, 티베트족, 다이족 등 소수 민족의 전통 의학을 공부한 '민족의'도 있다.

● 우리나라

정부 수립과 한국 전쟁

1945년 해방이 되고 1948년 대한민국 정부가 수립되었지만, 정부 수립 2년 만에 같은 민족끼리 싸우는 비극을 맞이했다. 1950년, 6·25 전쟁이 발발하면서 제대로 된 위생 관리가 어려워지자 장티푸스, 콜레라, 발진 티푸스, 이질, 천연두 같은 전염병이 유행했다. 의료 시설과 의사는 턱없이 부족했다. 전쟁으로 인해 제대로 대처하지 못해 전염병으로 인한 사망률이 높았다. 결핵 환자도 엄청나게 늘어 1951년 당시 약 280만 명이 결핵을 앓았다. 기생충 감염률도 매우 높아 1950년대 어린이의 60퍼센트가 기생충에 감염된 상태였다.

하지만 전쟁으로 인해 의료 기술과 의사 수준은 발전하였다. 부상자와 응급 환자를 치료하면서 마취과, 흉부외과, 신경외과 등에 새로운 기술이 도입되었고, 우리나라 의사들은 미국 군의관들과 같이 부상자를 치료하면서 발달한 의학 지식을 얻을 수 있었다.

1958년 세워진 결핵 예방 강조 기간 선전탑(대한결핵협회 제공)

전쟁이 끝난 뒤 전염병 예방

약 생산에 집중하고 결핵 퇴치 사업과 기생충 박멸 운동을 펼친 덕분에 1970년대가 되면서 전염병 유행과 결핵 환자, 기생충 감염자는 크게 줄어들었다.

전통 의학의 재건

일제 강점기 때 의학은 서양 의학 중심이었고 서양 의학을 공부한 의사만 면허를 받을 수 있었다. 해방 이후 우리의 전통 의학인 한의학을 되살리기 위한 움직임이 나타났다. 1948년에 최초로 한의학을 가르치는 4년제 대학인 '동양대학관'이 문을 열었다. 동양대학관은 경희대학교 한의과 대학의 뿌리가 된다. 한의사들은 한의학에 대한 차별을 없애고, 서양 의학을 공부하여 면허를 받은 의사와 동등한 지위를 보장해 달라고 요구한다. 이 결과 1951년 국민의료법에서 한의사도 법으로 지위를 인정했다.

무면허 의사와 돌팔이 의사의 등장

1950~60년대에는 병원에서 의사를 돕거나 군대에서 위생병으로 근무한 사람들이 마치 의사처럼 환자를 치료하는 일이 많았다. 의사 수가 절대적으로 부족했고, 그나마 있던 의사와 병원은 도시에 몰려 있어 시골 사람들은 제대로 치료받기 어려웠기 때문이다. 게다가 당시 경제 수준으로 치료비를 감당하기 어려웠다. 이런 이유로 사람들

은 무면허 의사를 찾아가 진료를 받았다.

이들 중에 의사에게 면허를 빌려 병원을 차리는 사람도 있었다. 당시 정부는 이를 적극적으로 단속하지 않았고, 잡혀도 큰 처벌을 받지 않았다. 하지만 1969년 이후 허가받지 않은 약품과 무면허 의사를 철저히 단속하기 시작했다.

전 국민 의료 보험과 의료 시장의 확대

경제가 발전하면서 1977년부터 의료 보험을 시행했다. 처음에는 500명 이상의 직원이 있는 직장에서부터 출발해 1989년부터 전 국민이 의료 보험의 혜택을 받는 시대가 되었다. 의료 보험 실시 이전에는 병원은 아주 급할 때나 가는 곳이었고, 주요 의료 수단으로는 '약'을 이용했다. 하지만 의료 보험 제도가 도입된 이후에는 누구나 병원을 쉽게 이용할 수 있었다. 의료 보험이 도입되기 전에는 1인당 연평균 1회 병원을 방문했지만, 전 국민 의료 보험이 시작된 1989년 1인당 연평균 병원 방문 횟수는 6.41회였다.

의료 서비스를 이용하는 사람이 늘어나자 병원은 점점 커졌다. 현대 그룹이나 삼성 그룹과 같은 재벌 회사에서 세운 종합 병원이 등장했다. 이 병원들은 기존 국립 병원이나 대학 병원과는 다르게 병원과 의사 중심의 의료 서비스가 아닌 환자 중심의 서비스를 하기 시작했다. 의료 시장이 점점 커지고 복잡해지면서 의사와 약사, 의사와 한의사 등 서로 다른 성격의 의료 직업을 가진 사람들 간에 갈등도 생겨났다. 또한 의사와 환자 간에 서로의 책임과 권리를 다투는 일도 늘어났다.

새로운 과제

최근에는 사스, 조류 인플루엔자, 신종 플루, 코로나19 등 신종 전염병이 국가 간 이동이 잦아진 환경에서 빠른 속도로 번져 세계적인 유행이 되었다. 생활 습관의 변화로 당뇨병, 비만 등이 늘어 사회 문제가 되고 있으며, 전체 인구 중 고령층의 비율이 높아지면서 이들을 치료하고 돌보는 것이 중요한 과제로 등장했다. 이에 맞게 우리나라의 의료 환경과 의사의 임무도 조금씩 변하고 있다.

오늘날과 미래의 의사와 한의사

사람의 생명을 다루는 의사는 높은 수준의 윤리 의식을 가져야
하고 사회적인 책임도 크다. 월평균 소득이 높은 직업이지만 노
동의 강도가 센 데다 생명을 다루는 부담감이 커서 직업 만족도
는 그리 높지 않은 편이다. 더욱 전문화되고 발달하는 과학 기술
에 따라 의사라는 직업에도 변화가 생길 것으로 보인다.

아픈 사람을 치료하다

치료하는 사람

의사醫師 doctor는 의학 지식과 기술을 익혀 병에 걸리거나 다친 사람의 상태를 파악한 다음, 어떻게 고칠지 방법과 순서를 정하고, 약이나 수술 등 알맞은 방법으로 치료하는 사람이다. 또한 병을 예방하고, 몸이나 마음이 불편한 사람들이 정상적인 생활을 할 수 있도록 돕는다. 병이나 상처를 치료해서 사람을 건강하게 만들거나, 아프기 전 상태로 회복시키거나, 더 나빠지지 않게 한다. 그뿐만 아니라 전염병을 관리하고, 건강과 관련해 지켜야 할 기준을 만들고, 아파도 치료받지 못하는 사람이 없도록 여러 가지 국가 정책을 만드는 일도 한다.

'의사'라는 직업은 다른 사람의 귀중한 생명을 구하고, 사회 전체를 건강하게 유지하는 일을 하므로 사회적으로 중요하다. 의사가 되려면 오랜 기간 전문적인 교육과 훈련을 받아야 하고, 국가에서 시행하는 의사 국가시험에 합격해서 면허를 받아야 한다. 그 후에 내과, 외과, 안과, 피부과, 정신건강의학과, 흉부외과, 산부인과, 비뇨기과, 진단검사의학과 등 특정 분야를 더 공부하고 훈련하면 각 분야의 전문의가 된다.

의사의 종류

의사는 크게 '기초 의사'와 '임상 의사'로 나눌 수 있다. 기초 의사는 의사이면서 과학자로, 의학의 기본이 되는 생화학, 분자생물학, 해부학, 생리학, 병리학, 면역학 등 기초 과학을 연구하고 가르치는 사람이

면허와 자격

의사는 '면허(license)'를 받고 교사는 '자격(certificate)'을 얻는다. 면허와 자격은 다르다. '면허'는 국가나 공공 기관에서 정해진 행동을 할 수 있도록 허락한 것이고, '자격'은 어떤 분야에서 일정한 수준에 올랐다는 증거다. '면허'에서 정해진 행동을 면허가 없는 사람이 하면 안 된다. 의사 면허 없이 다른 사람을 치료하거나 운전면허 없이 차를 몰면 법에 따라 처벌받는다. 자칫하면 다른 사람에게 피해를 줄 수 있는 행동은 '면허'로 엄격하게 제한하지만, '자격'은 없더라도 자격으로 정해진 특정 행동을 할 수 있다. 교사 자격증이 없어도 학원에서 또는 가정 교사로 학생을 가르칠 수 있고, 워드 프로세서 자격증이 없어도 컴퓨터로 글을 쓸 수 있다.

다. 환자를 진단하고 치료하기도 하지만, 주로 과학적인 방법으로 의학을 연구하고 학생을 가르친다.

우리가 흔히 의사라고 부르는 임상 의사는 병원에서 환자를 진단하고 치료하는 일을 주로 하는 의사이다. 전공과목 수련 여부에 따라 일반의와 전문의로 구분한다. 일반의는 의과 대학에서 정해진 과정을 마치고 의사 국가시험에 합격한 뒤 바로 환자를 치료하는 의사이다. 전문의는 의사 국가시험을 통과하고 병원에서 몇 년 더 자신이 선택한 분야의 공부와 훈련을 한 뒤 전문의 자격시험에 통과해야 한다. 전문의는 각각 자신이 공부한 전공과목에 대해 더욱 깊은 지식과 기술을 갖추어야 하는데, 우리나라에는 내과, 외과, 안과, 이비인후과 등 모두 25가지 전공과목이 있다.

의사가 일하는 곳

임상 의사들은 대부분 병원에서 일한다. 자기가 병원을 차려 환자를 보기도 하고(개업의), 다른 병원에 취직해서 월급을 받기도(봉직의) 한다. 의과 대학에서 학생을 가르치면서 대학에 딸린 병원에서 치료를 겸하는 교수가 될 수도 있고, 보건 복지부나 국민 건강 보험 공단, 보건소, 국립과학수사연구원 등 의학 지식이 꼭 필요한 곳에서 공무원으로 일하기도 한다.

요즈음 코로나19 감염병의 전 세계적 유행으로 방역이 특히 중요해지면서 전염병 예방을 위해 국가의 정책을 만드는 공무원 의사들의 활약이 두드러진다.

제약 회사나 보험 회사 같은 기업에 취직하는 의사도 있다. 또한 유엔UN의 전문 기구인 세계 보건 기구WHO에 들어가 보건 환경과 관련한 국제적 협력을 위해 일을 하거나, 국경없는의사회 같은 의료 봉사 단체에 속해 전쟁이나 재난이 일어난 지역에서 사람을 구하는 일을 하기도 한다.

의사와 한의사

우리나라에는 두 종류의 의사가 있다. 하나는 옛날부터 전해진 전통 방식을 따르는 의학으로, 이를 전통 의학 또는 한의학이라 한다. 한의학 지식과 기술로 환자를 진료하는 의사를 '한의사'라고 부른다. 다른 하나는 서양에서 발달한 의학을 받아들인 것으로, 일반적으로 의학이라 하고, 이 의학 지식과 기술로 진료하는 사람을 '의사'라고 한다.

법률로 전통 의학을 공부한 한의사와 서양 의학을 공부한 의사를 구분하는데, 의사와 한의사는 배우는 과정과 내용, 국가시험, 진료 방식, 일하는 곳이 다르다. 하지만 이 둘이 나뉜 것은 얼마 되지 않았기 때문에 의사 직업의 역사적 변화를 이야기할 때는 따로 구분하지 않는다.

전통 의학에 뿌리를 둔 한의사의 진료

한의사는 우리나라 전통 의학의 이론을 바탕으로 환자를 진료한다. 침과 뜸을 비롯한 다양한 치료를 하고, 한약을 처방하고, 신체를 자극하는 등 물리 치료도 한다.

최근에는 다양한 한의학 진단 및 치료 도구가 많이 개발되어 기계를 이용한 진료도 많이 한다. 한의학은 인체의 저항 능력이 약해져 질병이 발생한다고 보기 때문에, 신체의 저항 능력을 강하게 하는 치료를 중요하게 여긴다.

현재 법률에서는 '우리의 선조들로부터 전통적으로 내려오는 한의학을 기초로 한 한방의 의료 행위와 이를 기초로 하여 과학적으로 응용, 개발한 의료 행위'로 한의사의 진료를 정해 두었다.

좋은 의사가
되기 위한 자질

좋은 의사란?

좋은 의사가 갖추어야 하는 역량은 무엇일까? 무엇보다도 환자를 잘 치료하는 것이다. 의사는 환자의 질병을 정확히 진단하고 치료(진료)할 수 있는 전문 지식과 기술을 가져야 한다.

과학과 기술의 발전으로 의학과 진료 방법이 빠르게 발전하고 있다. 좋은 의사는 평생 새로운 의학 지식과 기술을 스스로 배우고 익혀 환자를 진료해야 한다. 하지만 아무리 새로운 진료 방법이 효과적이어도 반드시 환자의 안전을 가장 중요하게 생각해야 한다.

환자가 병원을 선택할 때는 의사의 능력도 중요하지만, 병원 의료진이 얼마나 친절한지도 중요하다. 좋은 의사가 되려면 환자의 이야기를 잘 들어 주고, 환자를 이해하는 소통 능력이 꼭 필요하다. 좋은 소통을 통해 환자가 의사를 믿을 수 있게 되어야 환자는 마음 놓고 자신의 병을 의사에게 맡기고 의사는 정확한 진료를 할 수 있어 좋은 결과를 얻는다. 환자뿐 아니라 환자의 가족에게도 병과 관련한 이야기를 정확하게 해 주어야 환자를 진료하는 데 도움을 얻을 수 있다. 의사는 다른 의사, 또는 다른 전문 의료인과 함께 환자를 진료하기 때문에 서로 잘 소통하고 팀워크를 이루는 것도 매우 중요하다.

의사는 사람의 생명을 다루는 전문가로 높은 수준의 윤리 원칙을 지켜야 한다. 개인적인 이득을 위해 잘못된 정보를 알려 주거나, 정당하지 않은 이득을 얻어서는 안 된다. 진료하면서 알게 된 환자의 개인 정보를 법에서 정한 경우를 제외하고 다른 사람에게 알리면 안 된다. 인종, 성별, 종교 등 어떤 이유에서라도 환자를 차별하지 말아야 한다.

사회적인 책임도 크다. 개인뿐 아니라 사회와 국가의 건강 증진을 위해 올바르고 적절한 의료 정보를 알려야 한다. 사회의 어려운 사람들을 치료하는 데 힘을 써야 하고, 환자가 혼자 힘으로 해결하기 어려운 문제가 있으면 도울 수 있는 곳에 알려 도와야 한다. 또한 국가에서 만드는 의료 정책에 적극적으로 참여해서 자신의 전문 지식을 활용하도록 한다. 특히 전염병 예방 등 전 국민이 어려움을 겪는 상황에서 의사의 사회적 책임이 점점 늘고 있다. 무엇보다 진료 기술 발전을 위해 연구를 계속하고, 최신 의학 지식을 습득해서 다른 동료 의사와 의학을 공부하는 학생들과 공유해야 한다.

의사가 되기 위한 적성

의사가 되기 위해서는 생명을 소중히 여기고, 아픈 사람의 고통에 공감할 수 있어야 한다. 사회를 생각하고, 약자를 배려하는 봉사와 희생 정신도 필요한 소양이다.

과학에 대한 지적 호기심과 탐구 능력, 합리적인 사고와 분석 능력 등의 기본 역량도 필요하다. 힘든 공부를 끝까지 해내기 위해서는 인내심이 필요하고, 새로운 연구를 계속하기 위해서는 스스로 공부하는 자기 주도적 학습 능력이 있어야 한다.

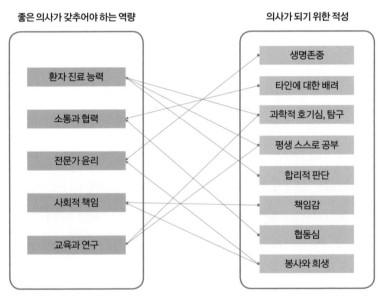

의사에게 필요한 역량과 의사가 되는데 필요한 적성

사람의 생명을 다루는 압박감을 이겨 낼 수 있는 책임감, 위급 상황에서 냉정하게 결정할 수 있는 판단력도 중요하다. 환자를 이해하고 소통하는 능력, 다른 사람과 같이 문제를 해결하기 위한 협동심도 필수이다.

좋은 한의사가 되려면

좋은 한의사가 되기 위해 필요한 역량은 의사와 다르지 않다. 환자를 진료하는 데 필요한 전문 지식은 물론 환자와 환자 가족, 동료 등과 소통하고 협력하는 능력과 생명에 대한 존중과 높은 윤리 의식도 필요하다.

이 외에도 전통 의학을 공부해야 하므로 동양의 철학과 사상에 관심이 있어야 한다. 또한 한의사는 환자를 진단할 때 기계보다는 눈으로 보고, 귀로 소리를 듣고, 코로 냄새를 맡고, 손가락으로 맥을 집는 등 감각을 활용해야 하기 때문에 세심하고 관찰력이 뛰어나면 좋다.

의사의 대우

우리나라에서 의사는 돈을 많이 버는 직업이다. 의사의 월평균 소득은 전체 직업 중 소득 상위 5등 안에 든다. 하지만 자기 직업에 만족하는 의사는 약 45%이고 20%는 불만을 느끼고 있다. 의사 중 자식에게 의사가 되기를 권하는 비율도 약 46%로 절반에 조금 못 미친다.

2016년 고용 노동부에서 조사한 자료를 보면 의사의 직업 만족도는 전체 직업 중 20~30위권 사이다. 의사 중 80% 이상이 일주일에 6일 이상 일하는 데다 근무 시간도 불규칙하고, 급한 환자가 있으면 언제라도 진료를 해야 한다. 사람의 생명을 다루기 때문에 스트레스를 많이 받을 뿐 아니라 체력 소모도 크다. 게다가 환자를 치료하는 과정에서 다치거나 병이 옮을 위험도 있다. 이런 어려움 때문에 의사는 소득 수준과 사회적 지위가 높지만 직업 만족도는 조금 떨어지는 편이다.

  한의사의 월평균 소득은 전체 직업 중 소득 상위 20등 안에 든다. 한의사의 직업 만족도는 전체 직업 중 7위로 높은 편이다.

사회 변화에 따른
진료 시스템의 변화

고령화와 소득 수준의 향상

우리나라는 고령 인구가 차지하는 비율이 점점 늘어나고 있다. 전체 인구에서 65세 이상의 비율이 14% 이상인 사회를 고령 사회라고 하는데, 2020년 우리나라의 65세 이상 인구는 전 인구의 15.7%이다. 이 비율은 계속 늘어나 2025년에는 20%를 넘고, 30년 후에는 40%에 이를 것으로 예측한다. 나이 많은 사람의 비율이 높아지는 이유는 평균 수명은 점점 늘어나지만 새로 태어나는 아이는 줄어들고 있기 때문이다. 2020년 우리나라에서 태어난 아이는 275,818명으로 2019년에 비해 10.7% 줄었다.

이런 변화 때문에 사람들이 원하는 의료 서비스도 달라진다. 고령화 사회에는 고혈압, 당뇨 등 오래 앓고 잘 낫지 않는 만성 질환과 치매나 심장 질환 등 노인층이 많이 걸리는 질병에 고통받는 환자들이 많다. 반면 출산과 아이의 수가 줄어드는 만큼 산부인과나 소아청소년과에서 돌보는 환자는 줄어든다.

경제 발전과 소득의 증가로 사람들은 건강에 더 관심을 두고, 건강을 유지하는 데 더 많은 돈을 쓴다. 이전에는 병에 걸렸을 때 잘 치료하는 것이 중요했다면 이제는 병을 예방해서 항상 건강한 상태를 유지하는 것이 중요해졌다. 외모를 가꾸는 데도 더 많은 시간과 비용을 들이기 때문에 성형과 미용 관련 의료 서비스도 발전했다.

전 세계적 전염병의 유행

전 세계는 2020년부터 시작된 신종 코로나바이러스 감염증(코로나19)의 대유행으로 인해 몸살을 앓았다. 나라 간 사람의 이동이 크게 줄어든 것은 물론, 이전처럼 사람들과 어울리며 생활하기 힘들어졌고, 사람과 사람 사이의 갈등도 늘어났다. 앞으로도 전염병의 유행이 계속될 것이라는 예측을 하는 전문가들이 많다. 예방을 위한 백신 접종, 새로운 치료제의 개발, 전염병에 걸린 사람을 진단, 격리, 치료하는 것이 더욱 중요해졌다. 특히 질병을 관리하는 데에 있어 국가와 정부의 역할이 커졌다. 또한 사람과 접촉해 병이 옮는 것을 막기 위해 병원에 가서 의사를 만나지 않고 전화를 하거나, 인터넷 영상으로 진료를 하는 비대면 진료에 관한 관심이 커지고 있다.

과학 기술의 발달과
의료의 변화

예측이 현실이 되다

컴퓨터는 의학에서 큰 역할을 차지하게 될 것이다. 한마디로 컴퓨터
는 환자 진료에 있어서 의사에게 없어서는 안 될 도구로 쓰일 것이며
어떤 때에는 컴퓨터 자신이 의사가 되기도 할 것이다. … 컴퓨터가 유
쾌한 음성으로 기분이 어떠냐고 묻고 환자의 이야기를 들은 다음 검
사 내용을 종합해서 가르쳐 주고, 그 결과에 따라 처방을 일러 준다.
… 환자는 집에서도 텔레비전을 통해 자기 병과 관련된 기록을 볼 수
있고, 주기적 치료를 해야 하는 환자는 컴퓨터가 때를 맞추어 호출하
기도 한다. 수술에서도 환자의 병과 상태에 따라 수술 시기나 종류, 방
법을 제시한다. (맹광호, 1975)

이 글은 거의 50년 전에 21세기의 의료가 어떻게 변할지를 예측해서 쓴 것이다. 인공 지능, 빅데이터, 원격 진료 등 기술의 발달로 이 글에서 한 예측은 현실이 되고 있다.

인공 지능을 이용한 의료

2016년 바둑을 두는 인공 지능 프로그램 '알파고'가 세계적인 바둑 기사인 이세돌을 이겼다. 이를 계기로 일반 사람들도 인공 지능의 발전을 피부로 느꼈으며, '알파고 의사'가 사람 의사를 대신할지 모른다는 생각이 퍼져 나갔다.

사실 의료의 여러 분야에서 이미 인공 지능을 이용하고 있다. 개인의 건강 정보, 유전 정보 등 복잡한 자료를 분석해서 건강 관리를 돕고, 치료 방법을 찾아내는 인공 지능 프로그램이 있다. 컴퓨터로 유명한 IBM은 미국의 여러 병원과 함께 환자의 진단 및 분석을 하고 있다. 실제 백혈병 환자를 대상으로 인공 지능이 제안한 치료와 의사가 진단한 치료가 80% 이상 일치한다는 연구도 있다.

X선, MRI, CT 등 환자의 신체를 눈으로 볼 수 있는 영상으로 만들어 질병을 찾아내는 영상 의학 분야에서는 인공 지능이 사람이 눈으로 보고 판단하는 것보다 더 정확하다. 인공 지능을 이용해서 심장의 활동을 기록하는 심전도나 혈압이나 혈당 같은 신체의 데이터를 분석하고, 위험한 상태가 오기 전에 예측한다. 인공 지능과 데이터 분석 기

술은 빠른 속도로 발전하고 있다. 앞으로 더욱 뛰어난 능력을 보여 주고, 다양한 분야에 활용할 수 있는 인공 지능 프로그램이 등장할 것이다.

원격 의료

원격 의료는 의사와 환자가 직접 만나지 않고 인터넷이나 전화 등 정보 통신 기술을 이용해서 병을 진료하는 것이다. 거리가 멀어서 직접 병원을 찾을 수 없는 환자도 원격 의료로 의료 혜택을 받을 수 있다. 그뿐만 아니라 환자의 정보를 빨리 수집하고, 분석하는 것도 가능해서 효율적인 질병 치료와 건강 관리를 할 수 있다.

대표적인 원격 의료는 마치 의사를 직접 만나 진료받는 것처럼 환자와 의사가 영상과 소리를 주고받으며 실시간으로 소통하는 것이다. 의사는 환자의 여러 건강 정보를 전달받아 분석하고 건강에 대한 상담과 교육을 할 수도 있다. 게다가 이제는 스마트폰의 애플리케이션을 이용해서 영상 통화나 정보를 쉽게 주고받을 수 있어서 언제, 어디서나 쉽

원격 진료 모습

게 의료 혜택을 받는 것이 가능하다. 특히, 코로나19 이후 비대면 원격 의료의 필요성은 더욱 커졌다. 아직 우리나라에서는 법으로 인해 의사가 환자를 만나지 않고 진료할 수 없지만, 머지않아 원격 의료를 본격적으로 도입할 수 있는 준비가 될 것이다.

모바일 기기를 이용한 건강 관리

최근 스마트폰 같은 모바일 기기에는 시계나 신발, 옷 등 우리가 항상 지니거나 입고 다니는 것으로부터 정보를 수집해서 네트워크로 통신하고, 자료를 분석하는 기능이 들어 있다.

이런 모바일 기기를 이용해서 키, 몸무게 같은 간단한 신체 정보에서부터 먹은 음식과 운동으로 소모한 칼로리, 걸음 수 등을 잴 수 있고, 더 나아가 심장 박동 수나 호흡수, 심전도 같은 생체 신호도 알 수 있다. 이런 정보들을 종합해서 운동이 필요한지, 휴식이 필요한지, 병원에 가서 정밀한 검사를 받아야 하는지 등 개개인의 건강 관리에 도움을 줄 수 있다.

스마트폰과 스마트 워치를 만드는 기업들은 이용자들의 다양한 건강 정보를 수집하고, 이를 이용해서 건강을 관리하는 서비스를 제공하고 있다. 앞으로 더 많은 기계와 다양한 서비스가 나타날 것이다.

병에 걸리지 않게 예방하고, 치료 후 몸을 잘 관리하는 것이 중요한 만큼 모바일 기기를 이용한 건강관리는 더욱 활발해질 것이다.

과학 기술의 발달과 한의사의 미래

한의학도 컴퓨터와 인터넷, 인공 지능, 데이터 과학과 같은 새로운 기술의 영향을 피할 수 없다. 이에 발맞추어 한의학계에서도 한의학 이론을 현대 과학으로 해석하고, 미래 의료를 위한 다양한 건강과 신체 자료를 수집하고 있다.

또한 병에 걸리지 않고 오래 살 수 있도록 평상시 생활 습관를 고치거나 음식 섭취를 돕는 것뿐 아니라, 인체의 면역을 증강해서 신종 전염병 유행을 극복하는 예방 의료가 더욱 중요해질 것이다. 이를 위해 더욱 효과가 좋은 한약을 만들기 위한 새로운 물질 개발 연구를 진행 중이다.

미래의 한의사를 위해서는 동양 사상과 전통 의학은 물론 기초 과학, 서양 의학, 정보 통신 기술을 모두 배울 수 있는 교육 프로그램이 마련되어야 한다.

미래의 의사와 한의사

여전히 좋은 대우를 받는 직업, 의사

경제 수준이 발전하고, 개인의 건강에 관한 관심이 높아지면서 의료 서비스를 원하는 사람은 계속 늘어나고 있다. 우리나라의 의사는 2028년까지 매년 약 2% 정도 늘어날 것으로 예측한다. 또한 우리나라의 의료 수준이 높아지면서 해외에서 치료를 받기 위해 방문하는 외국 환자도 늘고 있으며, 외국 병원에 가서 일하는 우리나라 의사도 증가하고 있다. 앞으로도 의사를 필요로 하는 곳은 줄지 않을 것이기에 의사는 여전히 좋은 대우를 받을 것이다.

가까운 미래 한의사의 모습

병원에 다니거나 자기가 병원을 개업한 한의사 수는 매년 평균 1.9% 정도씩 늘어나 2028년에는 약 2만 8천여 명에 이를 것으로 예측한다. 경제적으로 여유가 생기면서 비만 관리, 피부 미용, 스트레스 감소 등에 한의학의 도움을 받으려는 사람이 늘어났다. 의료 보험이 적용되는 한방 진료의 범위가 넓어졌고, 한약을 먹기 편하게 만드는 등 한방 보급을 위한 노력도 계속되는 중이다. 또한 한의학을 기본으로 해서 몸에 좋은 새로운 식품을 개발하는 등 다른 관련 산업도 발전하는 중이며, 서양에서도 한의학에 관한 관심이 높아지고 있다.

장기적인 전망

유명한 벤처 투자가 비노드 코슬라는 "앞으로는 대부분의 의사가 컴퓨터 프로그램에 자리를 내줘야 할 것이고, 의사의 80%를 기술이 대신할 것"이라고 예측했다. 정보를 기억하고, 논리적으로 계산하고 판단하는 일은 사람이 컴퓨터를 이길 수 없다. 또한 기계는 피로하거나 다른 이유로 실수하지 않기 때문에 사람처럼 실수로 잘못된 진료를 해서 인명에 피해를 주지 않는다. 만일 기술이 더욱 발전한다면, 지금 의사가 하는 진료의 많은 부분을 컴퓨터와 인공 지능이 대신할 것이다.

그래도 의사가 하는 일이 남아 있을까?

의사가 환자를 진료하는 일을 기계가 전부 대신할 때까지는 오랜 시간이 필요할 것이다. 기술이 발전해서 많은 일을 기계가 대신한다고 하더라도 여전히 사람 의사만 할 수 있는 일이 있다.

의사는 사람을 대하는 직업이다. 좋은 의사는 환자가 하는 이야기를 주의 깊게 듣고, 환자의 고통에 공감하고, 환자의 생명을 구하기 위해 온 힘을 다한다. 의사와 환자가 서로 신뢰하면 치료 효과도 더 높아진다. 이처럼 환자와 소통해서 환자가 겪는 여러 문제를 잘 이해하고, 창의적으로 해결하는 것은 기계가 대신할 수 없다. 단순하게 반복해서 정보를 수집하고, 분석하는 일을 인공 지능이 대신하면 의사는 남는 시간을 활용해서 환자를 더욱 효과적으로 돌볼 수 있을 것이다.

1975년에 21세기 의료의 미래를 예측한 글에서 "컴퓨터는 인간적 대화를 통한 정신적 치료나 진단"은 할 수 없으며, "의학은 더 높은 인간성을 고집해야 한다"라고 이야기한 것처럼, 미래의 의사는 보다 '인간적인, 사람을 이해하고 소통하는' 직업이 될 것이다. 미래 의사를 키워 내는 교육에서도 기술을 잘 다루는 능력, 사람과 소통하는 능력을 더욱 강조해야 할 필요가 있다.

생명을 다루는 존귀한 직업, 의사

고대 문명에서 하늘에 제사를 지내고, 병을 치료하던 사제 의사는 가장 존귀한 존재였다. 오늘날 의사는 고대 사제 의사 이후로 가장 좋은 대접을 받고 있다. 죽어 가는 사람을 살리는 뛰어난 의사는 사회적 존경뿐 아니라 막대한 부를 얻기도 한다. 신문과 방송을 통해 널리 알려져 누구나 알아보는 스타 의사도 있다.

지식과 기술의 빠른 변화와 발전으로 의사들이 배워야 하는 것도 많아졌다. 그 때문에 여러 의사가 협력해서 치료하며, 때로는 외부 전문가의 도움도 필요하다. 환자의 사생활과 정보를 보호해야 하는 일도 점점 중요해지고 있다. 사회나 국가 전체의 건강과 위생을 관리하기 위한 노력도 커졌다. 20세기 이후 여러 국가는 모든 국민이 값싸고 편안하게 병을 치료받을 수 있도록 다양한 제도를 시행하고 있다.

과학 기술 발전은 미래의 의사 직업을 크게 바꿀 것이다. 이전에 의사가 하던 일의 많은 부분을 컴퓨터와 인공 지능이 대신할 수 있게 되면서 의사의 일은 조금씩 줄어들고 있다. 하지만 일이 줄어든다고 해서 의사가 덜 중요해지는 것은 아니다. 오히려 의사가 환자를 돌보는 '더 인간적인 일'에 집중할 수 있다면, 의사는 이전보다 더 소중한 직업으로 자리 잡을 것이다.

2부

마음을 치료하는 사람, 정신건강의학과 의사

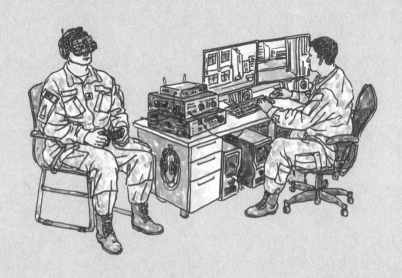

고대의
정신 질환과 치료

고대 그리스·로마 때부터 철학자들은 영혼에 대해 관심을 가지고 있었고, 아스클레피오스 신전에서는 꿈을 꾸게 해서 병을 치료하기도 했다. 중국에서도 2, 3세기 의학책에 정신 질환에 대한 구분과 치료법이 등장한다.

신이 내린 벌,
정신 질환

아픈 마음을 치료하는 의사

사람은 살아가면서 '마음의 병'을 앓기도 한다. 항상 걱정하고 답답해서 잘 먹지도, 자지도 못하고 힘이 없어 고통스러워하는 사람도 있고, 별일 아닌데도 긴장하고 불안해하는 사람도 있다. 실제로 없는 것을 보거나 듣는 환각이나 환청, "다른 사람이 나를 죽이려 한다", "다른 사람이 뒤에서 내 이야기를 한다"라는 현실과 동떨어진 믿음인 망상에 시달리는 사람도 있다. 공부와 일을 하면서, 다른 사람과 경쟁하면서 긴장과 압박을 받고, 이로 인해 몸이 아프거나 다른 병이 더 나빠질수도 있다. 또한 기억이나 언어 능력, 판단력 등 지적 능력이 점점 떨어지는 병에 걸리는 사람도 있고, 잠을 잘 못 자서 다음 날 제대로 활동하지 못할 정도로 고생하는 사람도 있다.

이러한 다양한 마음의 질병을 전문적으로 진단하고 치료하는 사람을 정신건강의학과 의사, 짧게 줄여 정신과 의사라 한다.

서양의 고대 문명에서 바라본 정신 질환

정신과 의사라는 직업은 18세기 이후에 등장했지만, 뿌리는 고대 문명에까지 닿아 있다. 고대 문명에서는 사람이 아픈 이유가 신의 저주, 벌 혹은 나쁜 영혼 때문이라고 생각했다. 마음의 병인 정신 질환도 마찬가지였다. 사람들은 정신 질환에 걸린 사람을 흔히 '미쳤다', '제정신이 아니다', '광기에 사로잡혔다' 등으로 표현했다. 기독교의 『구약성서』이자 유대교 경전인 『타나크』에도 "하느님이 미치게 하는 벌을 내린다"라는 표현이 나온다. 하지만 당시에도 마음이 아픈 사람은 자기 문제를 드러내고 이야기해서 병의 원인이 무엇인지 찾아야 한다고 생각하는 사람도 있었다.

그리스·로마 시대의 정신 질환

고대 그리스·로마의 철학자와 의사들이 처음으로 정신 질환은 신이나 악마 때문이 아니라 자연적인 원인 때문에 생긴 것이라고 생각했다. 그리스의 의사 히포크라테스는 정신 질환이 신이나 영혼, 악마 때문이라고 생각하는 것은 이 질병이 어떻게 생기고 발전하는지를 잘 몰라서라고 주장했고, 정신 질환을 개인이 타고난 기질의 차이로 분류했다. 또한 그리스 철학자들은 마음mind 혹은 영혼soul에 관심을 가지고 마음과 몸이 어떤 관계인지를 탐구했다.

그리스의 위대한 철학자 아리스토텔레스(기원전 384~기원전 322)는 『데 아니마(영혼에 관하여)』라는 책에서 이전까지 학자들이 연구한 결과를 종합하고 비판하면서 동물과 식물의 영혼은 무엇이고 사람의 영혼은 무엇인지를 이야기했다. 로마의 학자들도 그리스의 연구를 이어받았다. 로마의 의사 갈레노스도 정신 질환을 연구했고, 히포크라테스의 생각을 따랐다.

이처럼 그리스·로마 시대의 학자들은 사람의 마음, 영혼에 대해 합리적이고 이성적으로 생각했지만, 대부분은 여전히 정신 질환은 악령, 혹은 신의 벌 때문이라고 믿었다. 당시 유행하던 연극에서도 정신 질환은 신이 내린 것으로 그렸다. 대부분의 의사는 신에게 제사를 지내거나, 악령을 몰아내는 주문을 외우는 등 자연을 넘어선 어떤 힘에 기대야 정신 질환을 치료할 수 있다고 믿었고, 종교 사원의 사제 의사들은 신에게 기도하면서 환자를 쉬게 하거나 식이 요법, 마사지, 목욕 등의 치료를 함께 하기도 했다.

인간의 영혼을 탐구한 고대 그리스 철학자 아리스토텔레스

아스클레피오스 신전과 히포크라테스

아스클레피오스 신전의 사제 의사는 환자가 꿈이나 다른 환각에서 신을 만나면 병이 치유되거나 고치는 방법을 알 수 있다고 믿었다. 이들은 환자가 꿈을 꾸는 것이 치료 과정의 일부라고 생각해서 환자의 꿈을 해석하기도 했다.

하지만 아스클레피오스 신을 따르지 않는 다른 의사들은 히포크라테스처럼 정신 질환도 치료 가능한 질병으로 여겨 마사지, 관장, 약초 등을 사용해서 치료하려고 했고, 때로는 치료를 위해 몸에 고통을 가하기도 했다.

다양한 시설을 갖추고 있던 아스클레피오스 신전

중국 고대 문명에서의 정신 질환

중국 고전 의학책인 『황제내경』과 2~3세기에 쓰인 『난경』이라는 의학책에는 정신 질환에 대한 구분과 치료법이 등장한다. 『황제내경』 에는 임신 중 매우 놀라거나 음과 양의 조화가 깨지면 정신 질환의 일종인 '전광'이 생기는데, 이 병에 걸리면 화를 잘 내고, 옷을 제대로 갖춰 입지 않고, 욕하거나 허튼소리를 한다. 병을 치료하기 위해서는 환자에게 음식을 주지 않거나 철분이 들어 있는 생철락이라는 약을 사용한다고 나와 있다.

『난경』에서는 정신 질환을 '전'과 '광'으로 나누었다. 음과 양의 조화가 깨져 음이 강하고 양이 약해지면 '전'이라는 증상이 나타나는데, 사람이 바보처럼 되고 이치에 맞지 않는 말을 한다. 반대로 음이 약하고 양이 강하면 '광'이라는 증상이 나타나는데, 옷을 벗고 뛰어다니거나 노래하고 춤추기도 하며, 심하면 난폭한 행동을 하면서 사람을 해치려 한다. 이후 전통 의학의 발전에 따라 다양한 정신 질환의 증상에 대한 치료법이 등장했다.

중세부터
근대까지의
정신 의학

중세 시대 유럽에서 정신 질환 환자들이 마녀로 몰려 죽임을 당한 반면, 이슬람 문화권에서는 정신 질환 환자를 위한 치료 시설이 존재했다. 정신 병원은 환자를 가둬 두고 감시하는 수용소에 가까웠으며, 18세기 후반이 되어서야 정신 질환자들은 쇠사슬에서 풀려날 수 있었다. 19세기 말에는 서양의 정신 의학이 동아시아에까지 전파되었으며, 최근 정신 건강을 위한 의료 시설이 크게 늘고 있다.

정신 질환에 대한
오해와 치료

고통을 주는 정신 질환 치료법

기독교 세력이 점점 커지고 서로마 제국이 멸망한 이후, 정신 질환을 치료하거나 정신 질환을 앓는 환자의 고통을 줄이려는 활동 자체가 중단되었다. 초기의 기독교에서는 정신 질환을 앓는 환자를 불쌍하게 여겨 사랑으로 돌봐 줘야 한다는 생각도 있었지만, 얼마 지나지 않아 정신 질환은 영혼이 악마에 사로잡힌 것이라고 믿었다. 일반인들뿐 아니라 의사도 그렇게 생각했고, 대부분 병원에서는 정신 질환자를 받지 않았다. 점성술사, 연금술사, 돌팔이 의사 등 다양한 엉터리들이 악령을 몰아낸다는 이유로 환자에게 육체적인 고통을 주었고 때로는 죽이기까지 했다.

마녀사냥의 광기

1484년 교황 인노첸시오 8세(1432~1492)는 마녀 전문가로 알려진 두 명의 수도사에게 마녀를 골라낼 권한을 주었다. 이 두 수도자는 『말레우스 말레피카룸(마녀를 심판하는 망치)』이라는 제목의 책을 내는데, 여기에는 마녀를 가려내는 방법과 고문하는 방법이 쓰여 있었다. 이 책은 마녀를 잡아내는 일종의 안내 책자로 이용되었는데, 사제와 수도사 또는 다른 교회 관계자가 마녀 여부를 판단하고, 마녀로 몰린 사람을 불에 태워 죽였다.

15세기부터 18세기까지 유럽 여러 나라에서 4만~6만 명에 이르는 사람들이 마녀로 몰려 죽었는데, 여기에는 정신 질환을 앓고 있는 사

1669년판 『말레우스 말레피카룸』 표지(왼쪽)와 마녀 용의자를 화형시키는 모습을 그린 16세기 그림(오른쪽)

람들도 있었다. 이렇게 수많은 여성과 어린아이, 정신 질환자들이 마녀로 몰려 고문당하고 죽어 갔다.

이성적인 정신 질환 치료를 한 이슬람

이슬람 문화권에서는 정신 질환을 이성적으로 치료했다. 이슬람의 성직자나 사원에서는 정신 질환자에게 매우 친절했으며, 때로는 이들을 신성한 존재로 여기기도 했다. 이슬람 의사들은 이단으로 몰려 사라져 간 그리스·로마 의학의 전통을 이어받았고, 앞서 등장한 유명한 의학자인 알라지나 이븐 시나도 심리 치료에 관심을 기울였다. 또한 모로코와 바그다드, 카이로, 다마스커스 등에 정신 질환 환자를 위한 좋은 치료 시설이 있었다.

십자군 전쟁을 통해 이슬람과 접촉한 유럽인들도 정신 질환에 대한 태도를 조금씩 바꿔 갔다. 구호기사단이 예루살렘에 세운 병원에서도 정신 질환자를 받아들이기 시작했다. 십자군이 예루살렘에서 철수한 이후에도 이슬람 세력은 이 병원을 정신 질환자 전용 치료소로 운영했다.

중국과 우리나라의 정신 질환 연구

중국에서는 『황제내경』과 『난경』의 '전증'과 '광증'을 기준으로 왜 이런 질병이 생기는지, 어떤 방식으로 치료해야 하는지, 그리고 치료

결과에 따라 증상이 어떻게 좋아지는지에 관한 의학자들의 연구가 계속되었다.

기본적으로 침을 사용해서 치료했는데, 중국 원나라 시대의 의사 주진형(1281~1358)은 『단계심법』이라는 책에서 전증과 광증의 원인과 치료를 설명하면서 지금의 심리 치료와 같은 것이 필요하다고 이야기했다. 이후 명과 청 대를 거치면서 여러 정신 질환에 대한 원인과 증상을 진단하는 법과 치료법이 발전했다.

우리나라에서도 동의보감에서 정신 질환을 다루고 있는데, 내용은 중국의 의학책과 차이가 없다.

정신 병원의
시작과 발전

정신 질환자를 위한 치료 시설

정신 질환자를 위한 병원과 치료에 관한 생각은 아주 천천히 변해 갔다. 벨기에의 작은 도시 헤일에서는 14세기부터 마을 사람들이 정신 질환자들을 돌보며 함께 생활했다. 하지만 이렇게 일반 가정에서 정신 건강에 문제가 있는 사람을 맡아 돌보는 '위탁 가정' 시스템은 널리 퍼지지는 못했다. 그래도 전통은 이어져, 현재도 약 3만 5천여 명이 사는 마을에 550여 명의 정신 질환자들이 같이 생활한다.

변화는 매우 느리게 이루어졌다. 14세기까지 유럽에는 정신 질환자를 위한 치료 시설이 따로 없었다. 다만 정신 질환자나 기억과 사고 능력이 떨어진 치매 노인들을 범죄자나 부랑자처럼 가둬 두고 관리하는 곳만 있었다. 유럽에서 최초로 생긴 정신 병원은 런던의 성모 마리아

베들레헴 병원이다. 13세기에 만들어진 이 병원에서는 1403년부터 정신 질환자를 받기 시작했는데, 나중에는 환자 대부분이 정신 질환자였다.

당시 정신 질환 치료법 중 하나는 환자를 천장에 매달린 의자에 앉히고 의사가 정한 속도에 따라 빙빙 돌리는 것이었다. 이 말도 안 되는 치료는 너무 고통스러워서 몸이 약한 환자는 입원조차 하지 못했다. 그 외에도 환자들은 벌거벗겨진 채 벽에 묶여서 굶주리고 구타를 당했다. 사람들은 이 병원을 혼란스러움 또는 야단법석이란 뜻을 가진 '베들램'이라는 별명으로 불렀다. 19세기까지 정신 병원은 치료하는 곳이라기보다는 환자를 가둬 두고 감시하는 수용소에 가까웠다.

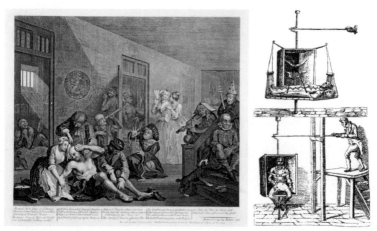

18세기 영국 화가 윌리엄 호가스가 그린 '난봉꾼의 행각' 시리즈 가운데 마지막 그림으로, 도박 중독자가 된 난봉꾼이 성모 마리아 베들레헴 병원에 입원하는 모습을 그렸다(왼쪽). 당시의 의자 돌리기 치료법(오른쪽)

근대 정신 의학의 토대

16~17세기 동안 과학은 눈부시게 발전했고 사람들은 점성술, 연금술, 종교적 믿음에 관해 의심하기 시작했다. 네덜란드 의사 요한 와이어(1515~1588)는 마녀사냥을 비판하는 책에서 세상에 마녀는 없으며, 스스로 마녀라고 고백한 사람은 '마음의 장애'가 있기 때문이라고 주장했다. 그는 현대 정신 병리학의 창시자로 여겨진다.

17세기에 들어서 갈릴레오나 데카르트, 홉스 같은 과학자와 철학자들은 어떤 현상을 관찰하고, 측정하는 과학 연구를 중요하게 생각했다. 사람들은 점차 질병을 합리적으로 이해하기 시작했고, '마음'에도 관심을 가져 1693년에 '심리학'이라는 말이 처음 등장했다.

마음을 연구하는 과학의 발전

18세기 이후 본격적으로 사람의 마음, 정신에 관한 연구가 활발하게 진행되었다. 독일의 철학자 칸트(1742~1804)는 마음이 어떻게 작동하는지를 설명하면서 마음의 결함weakness과 마음의 질병disorder을 구분했다. 또한 질병이 발생하는 데는 생물학적인 원인도 있지만 다른 사람과의 관계 문제 등의 사회적 원인도 있다고 주장했다. 칸트는 의사나 과학자가 아니었지만, 그의 연구는 이후 마음을 공부하는 학자들에게 크게 영향을 주었다.

독일의 생리학자 뮐러(1801~1858)는 신경계와 우리가 세상을 인식

하는 기능의 관계를 연구했고, 그에게 배운 분트(1832~1920)는 1879년 최초의 근대적인 심리학 실험실을 열었다. 이후 심리학은 사람의 마음을 과학적으로 연구하는 학문으로 발전한다.

가둬 두는 수용소에서 치료하는 병원으로

과학의 발전으로 18세기 후반 전체 의학계에 '병은 고칠 수 있다'라는 희망이 퍼져 나갔다. 이전까지 정신 병원은 정신 질환자를 가둬서 사회나 가족의 골칫거리를 없애는 역할만 했을 뿐, 병을 치료하는 역할은 하지 못했다. 몇몇 의사들은 정신 질환이 고칠 수 있고, 정신 병원은 감옥처럼 가둬 두는 곳이 아니라 환자를 세상에서 분리하여 치료하는 곳이라고 주장했다.

프랑스 의사 필리프 피넬(1745~1826)은 정신 질환자를 수용한 병원의 원장을 맡은 뒤 환자를 사슬로 묶지 않고 풀어 주었다. 지금은 당연한 일이지만 당시에는 획기적인 변화였고, 반대도 많았다. 특히 환자를 직접 관리해야 했던 정신 병원 간호사들은 환자들을 묶어두지 않는 것이 위험하다며 크게 반발했다. 그는 환자를 수용소에 가둬 두는 것은 치료하기 위한 목적이어야 하며, 수용소는 심리 치료를 하는 곳이라고 주장했다. 또한 환자들과 소통이 어렵다고 해도 때리거나 야단치면 안 되고, 같은 인간으로 친절하게 대접하는 윤리적 태도를 지킬 것을 강조했다. 그는 '근대 정신 의학의 아버지'라고 불린다.

필리프 피넬(왼쪽)과 프랑스 화가 로베르 풀뢰리가 그린 '정신병 환자의 쇠사슬을 풀어 주라고 명령하는 피넬'(오른쪽)

　피넬이 운영하던 병원에서 일하면서 크게 감명받은 장 에스퀴롤(1772~1840)은 1817년부터 피넬의 아이디어를 의과 대학생에게 가르쳤고, 파리 근처 대형 수용소의 소장이 되면서 직접 수용소의 환경을 바꿔 나갔다. 그는 수용소는 환자를 바깥세상과 격리해서 과거의 나쁜 영향을 없애는 장점이 있다고 믿었으며, 수용소를 환자와 의사가 평등하게 같이 살아가는 '공동체'로 생각했다. 때로 환자들은 에스퀴롤의 가족과 함께 식사하기도 했다.

　영국에서도 복잡한 복도로 연결된 미로 같은 어둠침침한 수용소 대신 넓은 뜰이 있는 쾌적한 환경의 수용소가 생겨났다. 미국의 의사 벤자민 러시(1746~1813)는 '정신과 교과서'를 만들어 가르치면서 환자를 인간적으로 대해야 한다는 것을 강조했다. 하지만 여전히 제대로 된 치료법이 없어 피를 뽑거나 설사약을 먹이는 치료가 널리 쓰였다.

정신 의학의 발달

19세기 말부터 정신 의학이 크게 발전하기 시작했다. 원인이나 증상에 따라 정신 질환의 종류를 나누고, 사람의 신경계를 연구해서 질병의 원인을 밝혔으며, 최면 같은 새로운 치료 기법도 사용했다. 20세기 초 지그문트 프로이트(1856~1939)는 우리가 보통 때는 떠올리지 못하는 '무의식'이 중요하다고 생각했다. 그는 환자의 이야기나 꿈 등에 드러나는 실마리로 숨어 있는 의미를 해석하는 정신 분석 기법을 만들었다.

정신 의학이 발달하면서 의사로 훈련받고, 자격을 얻은 후 정신 질환 치료를 하는 데 심리 치료뿐만 아니라 약물을 이용하는 '정신과 의사'와, 의사로 훈련받지 않았지만 정신적, 정서적 고통을 심리 치료 기법으로 해결하는 '심리학자'가 구분되기 시작했다.

새로운 치료 방법과 직업의 등장

약물을 사용하거나 전기 충격을 주는 방법으로 정신 질환을 치료하는 것은 효과가 있었지만, 부작용도 있었다. 20세기 이후에는 점점 환자에게 고통을 주지 않는 여러 가지 치료 방법이 생겨났다. 정신과 의사나 임상 심리학자는 이런 여러 방법 중 필요한 것을 선택해서 사용한다.

정신 질환자에 대한 치료법이 늘어나면서 관련된 직업도 여럿 등장했다. 가장 대표적인 것은 '정신과 간호사'이다. 정신과 간호사는 중세부터 존재한 직업이지만 이전에는 주로 힘이 센 남자가 환자를 강제로 억압하는 일을 주로 했다. 정신 병원과 정신 의학이 자리 잡은 후 정신과 간호사는 특수한 전문 분야로 남아 있다.

이 밖에도 사람과의 관계, 교육, 진로, 결혼, 알코올 중독 같은 문제로 고통받는 사람들에게 건강한 생활을 위한 상담과 훈련을 제공하는 상담 심리학자, 그림을 그리거나 음악을 듣고 연주하면서 마음의 문제를 푸는 예술 치료사, 어려운 사람을 지원해서 삶의 질을 높여 주는 사회 복지사도 마음을 치료하는 역할을 한다.

동양에 들어온
서양의 정신 의학

● 중국

중국에 도입된 서양식 정신 병원

19세기 말 중국은 서양식 제도와 학문을 받아들였다. 유럽과 미국 선교사들은 중국에서 기독교를 포교하면서 서양식 진료를 하는 병원을 세우고, 중국 학생에게 서양식 의학을 가르쳤다. 미국의 선교사이자 의사였던 존 커(1824~1901)가 1898년 중국 남부 광저우에 정신 질환자를 치료하는 전문 병원을 처음 세웠다. 존 커는 병원을 세우고 얼마 안 가 세상을 떠났지만, 이 병원은 1939년까지 환자들을 돌보았다.

하지만 이후에도 중국에서 정신 병원과 정신과 의사는 크게 늘어나지 않았다. 1949년까지 정신 병원의 수는 10개가 채 되지 않았고, 정신과 의사도 100명 정도였다. 1949년 중화 인민 공화국의 수립 이후 정신과 의사와 병원이 늘어났지만, 다시금 문화 혁명의 소용돌이에 말려들어 의학과 병원은 오히려 퇴보했다.

1980년대 이후에야 의학이 다시 발전하기 시작해서 1988년에는 최초의 정신과를 전공한 의학 박사가 배출되기 시작했다. 21세기에 들어서면서 정신 병원은 약 500여 개로 늘어났지만, 여전히 환자를 충분히 돌보기에는 부족하다. 2002년부터 중국 정부는 정신 건강을 위한 의료 시설을 늘리고 전문 인력을 양성하는 데 힘을 기울이고 있다.

● 우리나라

개화기와 일제 강점기의 정신 의학

조선 중기 이후 우리나라에도 중국 명나라와 청나라로부터 서양 의학책을 비롯한 서양 문물이 들어왔다. 19세기 말 개항 이후에는 본격적으로 서양 사상과 학문, 제도를 받아들이기 시작했는데, 1884년 당시 신문인 〈한성순보〉에 영국의 정신 병원을 최초로 알리는 기사가 실렸다.

1884년 알렌이 세운 서양식 병원인 제중원과 일본인을 위한 제생의원에서 정신 질환을 치료했다는 기록이 남아 있기는 하지만 정확히 어떤 병을 치료했는지는 알 수 없다. 이후 서양식 병원이 더 늘어나고, 서양식 의학 교육이 시행되었지만 1911년까지 정신과 병원이나 정신과가 따로 생기지는 않았다.

정신병을 치료하는 전문 분야가 따로 생겨난 것은 1913년 조선 총독부 의원에 '정신병과'가 만들어지면서부터이다. 의료진은 대부분 일본인이었다. 1913년부터는 세브란스 의학교에서 정신 의학에 대한 강의가 시작되었으며, 1927년에는 세브란스병원에 '정신과'가 생겼다. 경성 의학전문학교와 경성 제국대학 의학과에서도 정신 의학을 가르쳤다. 하지만 대부분 학생이 일본인이었던 터라 1945년 일제의 패망 이후 우리나라에 남은 정신과 의사는 10여 명에 지나지 않았다.

해방 이후 정신 의학의 발전

일제 강점기를 벗어난 지 얼마 지나지 않아 우리나라는 한국 전쟁이라는 비극을 겪었다. 의학 자료가 사라지고, 병원은 문을 닫고, 의사들도 희생되었지만 군대의 필요에 따라 군의관 교육이 활발해졌고, 군의관들이 미국으로 유학을 떠나기도 했다.

1960년대가 되면서 의과 대학에 정신 의학과가 생겨났고, 미국의 정신 의학의 체계를 받아들였다. 1962년에는 국립정신병원이 문을 열었고, 1970년대 이후에는 해외에서 공부하고 돌아온 의사들이 대학에서 가르치면서 의학 연구가 활발해지고 다른 나라와의 교류도 크게

1962년 세워진 국립정신병원
(위)과 2016년 새롭게 단장한 국
립정신건강센터(아래) ⓒ작가 채수
옥(국립건강정신센터 제공)

늘어났다.

특히 1980년대에는 기도원이나 요양원이란 이름으로 정신 질환자를 수용하던 시설들이 사실상 제대로 운영되지 않았다는 사실이 밝혀지면서 '정신 건강'에 대한 관심이 높아졌다. 1995년에는 환자의 인권 보호를 위한 '정신보건법'이 만들어졌다. 그 뒤 정신보건법은 문제를 보완하기 위해 계속 수정되었고, 2016년에 이름이 바뀐 '정신건강복지법'은 환자의 인권과 적절한 치료를 받을 수 있는 권리를 보장한다. 또한 국립정신병원도 국립정신건강센터로 거듭나 "정신 건강 증진을 위한 국민 행복 실현"을 목표로 우리나라 정신 건강을 지키는 중심 역할을 하고 있다.

21세기의 우리나라 정신과 의사들은 심리학, 뇌과학 등 다른 분야의 전문가들과 협력해서 정신 질환을 예방하고 치료하는 것뿐 아니라, 정신 건강에 대한 올바른 생각을 널리 알리고, 정신 건강을 위한 정부의 정책이나 제도를 만드는 데도 이바지하고 있다.

정신과 의사의
오늘과 미래

최근 정신 질환을 바라보는 태도가 크게 달라지면서 정신건강의
학과에서 진료를 받거나 상담을 받는 일이 자연스러워졌다. 또한
기술이 발전하면서 각종 과학적 뇌 촬영 기술을 바탕으로 한 인
공 지능을 이용해 정신 질환에 대해 보다 정확한 분석과 판단이
가능해졌다. 하지만 직접 사람을 대하면서 공감하고 이해하는 정
신건강의학과 의사는 앞으로도 늘어날 전망이다.

현대의 정신과 의사

정신건강의학과 진료의 특징

정신건강의학과 즉 정신과 진료는 우선 환자를 만나 어떤 증상을 겪고 있는지, 어떤 상태인지를 상담해서 자세히 알아본다. 이때 마음의 상태를 알아보는 심리 검사를 같이 하기도 하는데, 심리 검사는 보통 "나는 매사에 우울하고 슬프다"와 같은 질문에 대해 "매우 그렇다" 또는 "그렇지 않다"라고 환자가 직접 답하는 방식 방식으로 진행된다.

마음의 상태를 알아보기 위한 많은 심리 검사 중 정신과 의사는 필요한 것을 골라 검사해서 상태를 진단한다. 필요한 경우 약물을 사용해서 치료하기도 하고, 환자와 상담을 해서 문제의 원인을 찾아 해결하는 다양한 심리 치료 방법을 쓰기도 한다. 때로는 약물 치료와 심리 치료를 같이 사용하기도 한다.

정신과 의사의 자질

정신과 의사는 의사 중에서도 정신의학을 더 공부하고 경험을 쌓은 전문의이다. 그래서 기본적으로 좋은 의사에게 필요한 여러 능력과 자질을 갖추어야 한다. 더 나아가 사람의 마음에 관한 궁금증이 많고, 다른 사람을 이해하고 공감하는 능력이 필요하다. 정신과 의사는 스스로 자기 정신 건강을 좋은 상태로 유지하기 위해 노력해야 한다. 환자의 마음 상태가 어떤지를 판단하는 것은 의사이기 때문에 자신의 마음을 잘 다스리고, 건강하게 유지해야만 올바른 진단을 할 수 있다. 그래서 좋은 정신과 의사는 자신의 마음을 돌아보며 깊이 이해하도록 노력하고, 조금 더 건강해지기 위해 늘 힘쓴다.

우리나라의 정신과 의사 현황

2019년 우리나라에서 전문의 자격을 가진 사람은 100,161명이며 이 가운데에서 정신 건강 의학과 전문의는 3,942명으로, 전체 전문의의 약 3.9%이다. 전문의 자격시험 합격률은 90~95% 정도이고, 매년 150여 명 정도가 새로이 전문의 자격을 얻는다.

하지만 다른 나라와 비교할 때 정신 건강을 돌보는 사람은 적은 편이다. 2019년 기준 우리나라에는 인구 10만 명 당 17.6명의 정신 건강 전문 인력(정신과 전문의와 정신 건강 전문 요원)이 있는데, 정신 건강과 관련한 일을 하는 모든 사람의 수를 비교해 보면 다른 선진국의 40%

수준이다. 정신과 의사는 다른 의사에 비해 자기 직업에 대한 만족도
가 높은 편이다.

마음을 치료하는 또 다른 전문가, 임상 심리학자

마음의 문제를 진단하고 치료하는 일을 하는 다른 전문가는 임상 심리학자이다.
'임상'이란 환자를 진료한다는 의미로, 임상 심리학자는 사람의 마음과 행동을 평
가하는 법과 심리 치료의 원리와 방법을 공부하고 훈련한 전문가다. 하지만 의사
와는 다르게 '약물'을 이용한 치료는 할 수 없고, 심리 치료만 할 수 있다.

우리나라에서는 대학이나 대학원에서 임상 심리학을 공부한 사람이 일정 기간
훈련을 받거나 경험을 쌓으면 정부에서 시행하는 '정신 보건 임상 심리사' 자격시
험을 치를 수 있다. 또한 임상 심리학자들이 모인 '한국 임상 심리학회'에서 교육
과 훈련을 마치고, 시험을 통과한 사람에게 '임상 심리 전문가' 자격을 준다.

임상 심리학자는 병원에서 심리 검사를 하기도 하고, 개인 상담소를 내어 심리 치
료를 하기도 하고, 대학이나 연구소에서 가르치거나 검사 방법과 심리 치료 방법
등을 연구하고 개발한다.

미래의 정신과 의사

과학 기술의 도움

기술과 환경의 변화에 따라 의사 직업이 어떻게 바뀔지는 이 책의 '의사' 편에서 자세히 이야기했다. 정신과 의사도 과학과 기술의 변화에 따라 영향을 받는다. 그중에서도 특히 컴퓨터 단층촬영CT, 자기 공명영상MRI, 기능적 자기 공명영상fMRI, 뇌자도MEG 등에서 나온 데이터를 인공 지능을 이용해서 보다 정확하게 분석, 판단하는 것은 정신 질환을 진단하고 치료하는 데 큰 도움을 줄 것이다.

가상 현실Virtual Reality, VR을 이용해 정신 질환을 치료하는 분야도 크게 발전하고 있다. 가상 현실은 실제로 눈앞에 사물이 나타나는 것처럼 보여 주는 기술로, 특정한 대상을 두려워하는 환자, 교통사고나 천재지변 같은 큰 사고를 겪은 후 충격을 받은 환자나 갑자기 불안과 공포를 느끼는 환자 등의 치료에 이용한다. VR 기술을 이용해서 환자는 눈앞에 자기가 두려워하거나 스트레스를 받는 대상을 가상으로 접하면서 점차 익숙해질 수 있다. 특히 전쟁에 참여한 후 트라우마로 정상적인 생활이 어려운 군인들에게 VR을 이용해서 전쟁 장면을 보여 주고 심리 치료를 하면 효과가 매우 크다.

또한 우울증을 보다 효과적으로 치료하는 약물이 나와 환자의 고통을 덜어 주고 있는데, 앞으로도 여러 정신 질환과 관련한 새로운 약물을 연구하고 개발하는 분야가 더욱 발전할 것이다.

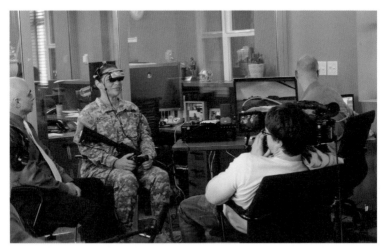

VR을 이용해서 참전 군인의 심리 치료를 하는 장면

마음을 돌보는 일은 기술이 대신하기 어렵다

정신 질환의 원인을 밝히고 치료하는 데 새로운 과학 기술의 발전이 크게 이바지하고, 정신과 의사가 하는 일의 많은 부분을 도와줄 것이다. 하지만 정신과 의사가 다루는 것은 사람의 마음이고, 마음의 건강을 유지하기 위해서는 환자와 소통하는 것을 빼놓을 수 없다. 아무리 기술이 발달해도 환자와 직접 소통하는 것은 사람을 대신하기 어려울 것이다.

정신 의학의 발달과 정신과 의사

지난 200여 년간 마음의 고통, 정신 질환을 치료하는 분야는 크게 발전했다. 사람들이 정신 질환을 바라보는 태도도 많이 달라졌다. 과거에는 많은 사람들이 자신의 정신 질환을 감췄지만 요즈음은 정신건강 의학과에서 진료를 받거나 임상 심리학자에게 상담을 받는 일도 자연스러워졌다. 하지만 아직도 마음의 질병을 비뚤어진 시각으로 바라보고 기피하는 사회적 분위기가 남아 있다. 또한 일부 국가에서는 정신 병원에 수용된 환자들을 제대로 보살피지 않고 있으며, 심한 경우 정치적인 목적으로 정신 병원에 강제로 입원시키는 예도 있다.

20세기 이후 생명 과학의 발전으로 마음의 고통을 더는 새로운 약물도 많이 등장해서 널리 쓰이고 있다. 병을 치료하는 목적이 아니라 평상시 기분을 좋게 변화시키고 생활을 도와주는 약도 많다. 이제 사람들은 정신 건강을 매우 중요하게 여기며, 이로 인해 정신과 의사도 점점 더 많이 필요해지고 있다.

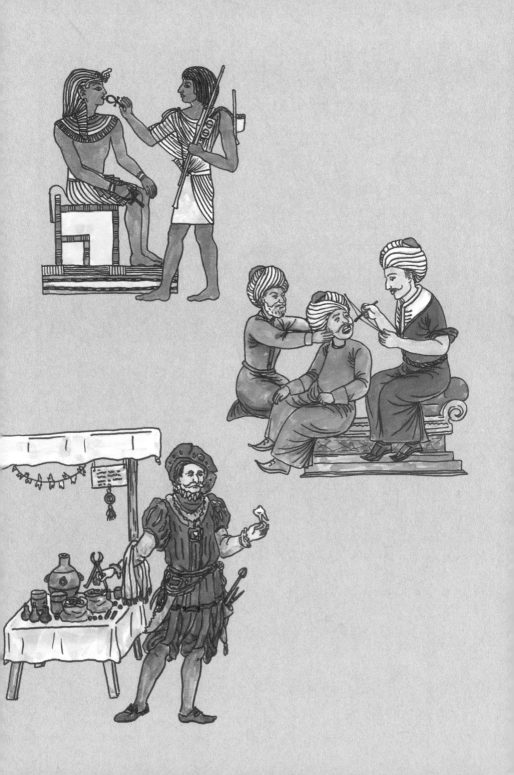

3부

이와 입안을 치료하는 사람, 치과 의사

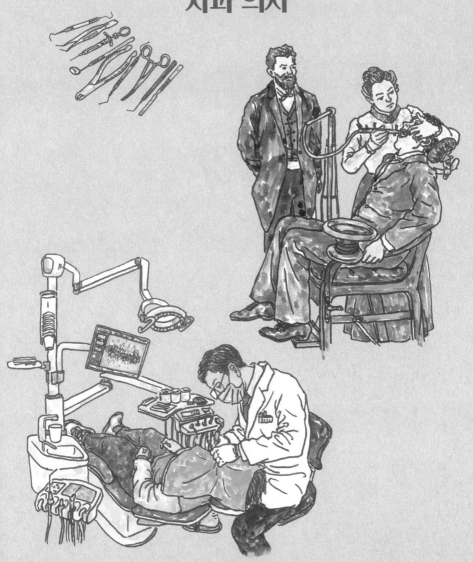

선사 시대부터
존재한
치과 치료

곡물로 만든 주식을 먹기 시작하면서 인류는 오랫동안 치통과 잇몸병으로 고통받아 왔다. 선사 시대 유적지에서도 충치를 치료하는 유물들이 발견되었고, 4대 문명 발상지와 고대 그리스·로마에서도 충치를 치료하거나 이를 빼는 다양한 도구들이 전해진다.

고대의 치과 의사

이와 입안을 치료하는 의사

치과 의사^{dentist}는 이(치아), 잇몸, 입안, 턱의 질병을 진단하고, 치료하고, 예방하는 등 구강과 턱에 관련된 건강을 돌보는 사람이다. 치과 의사는 의사와 다른 직업이다. 치과 의사가 되기 위해 가야 하는 학교와 공부 과정, 자격을 얻기 위해 치르는 시험도 다르며, 법률에도 다른 직업으로 정해져 있다. 그렇지만 치과 의사도 의사다. 치의학도 의학의 한 갈래이며, 의사가 되기 위해 하는 공부와 치과 의사가 되기 위해 하는 공부는 겹치는 부분이 있다. 치과 의사도 환자에게 약을 처방하고, 상처를 치료하고, 수술하는 일을 한다.

선사 시대에도 존재한 충치 치료

아주 오랜 옛날부터 인류는 썩은 이 때문에 고통을 겪었다. 선사 시대의 유물과 유적을 살펴보면 인류가 한곳에 자리 잡고 농사를 짓기 시작한 약 1만 년 전부터 충치가 갑자기 늘어난 걸 알 수 있다. 그 이전에는 사냥과 채집으로 먹을거리를 구했고, 질긴 고기와 뼈, 나무 열매 등 딱딱한 음식을 씹느라 치아가 금방 닳았지만, 충치는 거의 없었다. 농사를 지으면서 주로 먹게 된 음식은 곡물로 만든 밥이나 빵이었는데, 여기에는 탄수화물이 많고, 탄수화물은 침에 의해 당분으로 분해된다. 당분이 많은 입안은 당분을 분해해 이의 표면을 상하게 하는 물질을 뿜는 충치균이 자라기 좋은 환경이었기 때문에 충치가 늘어났을 것이다. "단것을 많이 먹으면 이가 썩는다"라는 것과 통한다. 하지만 학자들은 충치가 갑자기 늘어난 데는 다른 이유도 있었을 거라고 추측하기도 한다.

충치가 늘면서 충치를 치료하는 방법도 생겨났다. 1만 4천 년 전 이탈리아에서 충치를 갈아 낸 흔적이 있는 유골이 발굴되었고, 파키스탄의 신석기 시대 유적지에서는 7천 5백~9천 년 전에 날카로운 송곳으로 치아에 작은 구멍을 뚫은 유골이 발견되었다. 이 유물로 당시에 치과용 송곳을 이용했음을 알 수 있다.

구멍 뚫린 치아를 메꾸는 기술도 있었다. 슬로베니아의 한 동굴에서 발굴된 6천 5백 년 전 턱뼈와 치아를 3D 카메라로 스캔해 보니, 치아의 틈을 벌집에서 채취한 밀랍으로 메꾼 것을 발견했다. 밀랍은 열을 가하면 말랑말랑해져 모양을 만들기 쉽고, 사람의 체온 정도에서는 딱딱하게 굳는다. 게다가 염증을 막는 효과도 있어, 치아의 구멍을 막기에 좋은 재료였을 것이다.

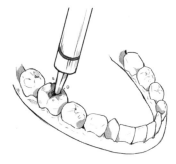

파키스탄의 신석기 시대 유적지에서 발견된 송곳으로 선사 시대인들이 충치를 치료하는 모습을 재현한 그림

고대 문명에서의 치과 치료

인류가 치아의 통증과 싸운 기록은 바빌론의 고대 도서관 유적에서 발견된 기원전 5천 년경 만들어진 점토판에도 나와 있다. 고대 바빌로니아 사람들은 치통이 벌레가 이를 파먹어서, 혹은 나쁜 귀신 때문에 생긴다고 믿었다. 그래서 벌레나 귀신을 쫓아 달라고 신에게 기도하고, 부적을 지니고 다녔다. 나중에는 풀을 태우고 그 연기를 쐬어 벌레를 몰아내려고 했다.

기원전 1750년경 함무라비 법전에는 남의 이를 뺀 사람은 자기 이도 뽑히고, 노예의 이를 뽑은 사람은 은으로 갚는다고 기록되어 있다. 고대 이집트에서는 이 닦기를 중요하게 생각했고, 귀족들은 일종의 의식처럼 매일 아침 이를 닦았다. 기록에 나타난 최초의 치과 의사는 기원전 2600년경 살았던 헤시레이다. 그의 무덤에서 발견된 기록에 헤시레는 '치아를 다루는 자', '왕의 치아 관리사'로 적혀 있다. 그는 왕실의 높은 관리였다. 이집트에서도 나쁜 영혼 때문에 치통이 생긴다고 믿어 주문을 외고, 기도하고, 부적을 지니는 것으로 치료하고자 했다. 하지만 기원전 1500년경에 쓰인 파피루스 문서에는 기도나 주문이 아니라 벌꿀, 황토, 유향 등을 이용한 치료법이 기록되어 있다.

치과 치료가 발달한 곳은 고대 인도였다. 외과 의사가 치과 치료를 했는데, 이들은 죽은 동물을 이용해서 이를 뽑는 연습을 했다. 힌두교 경전에는 약 성분이 포함된 나무의 잔가지로 이를 닦는 방법이 자세히

최초의 공식 치과 의사 이집트인 헤시레

나와 있다. 부자들은 썩은 이를 긁어낸 후 그 틈을 보석이나 금과 같은 귀금속으로 메워 장식했기 때문에, 외과 의사와 보석 세공사가 함께 일하기도 했다.

고대 인도의 유명한 의사 수슈루타는 자기가 쓴 의학책 『수슈루타 상히타』에서 매일 아침에 일어나서 이를 닦아야 한다고 강조했다.

중국도 고대부터 치통에 대해 잘 알고 있었다. 중국에서는 치통을 다스리기 위해 양치, 안마, 침술 등을 활용했고, 어디에 침을 놓아야 치통이 줄어드는지도 알려져 있었다.

로마가 생기기 전에 이탈리아에 살던 에트루리아인들은 상한 치아를 뽑고 인공 치아를 만들어 그 옆 건강한 치아와 연결하는 브리지 기술을 개발하기도 했다.

그리스·로마의 치과 의사

히포크라테스는 이가 썩는 것은 음식 때문이라고 생각했다. 또한 이를 뽑는 데 사용하는 가위처럼 생긴 겸자와 치과용 도구를 고안했고, 이 뽑는 과정을 자세히 설명했다. 겸자는 납으로 만들어 철로 만든 것보다 덜 딱딱했는데, 겸자로도 흔들리지 않는 이는 뽑지 않고 그냥 두었다.

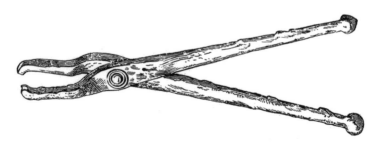

고대 로마 시대 유적지에서 발견된 겸자

아리스토텔레스는 최초로 구강 조직에 관한 과학적 연구를 했고, 이 뽑는 법, 겸자의 역할에 관해 설명했다. 하지만 그가 연구한 것은 사람이 아닌 돼지의 이빨과 구강이었다.

로마에서는 치아에 금을 씌우거나 뼈, 나무, 상아 등으로 가짜 치아인 의치 혹은 틀니를 만들었다. 의치를 만드는 일은 보석 세공 장인이나 목공을 하는 사람이 도왔다. 치과 의사는 따로 없었으며, 부유한 사람은 의사에게 치료를 받았고, 대부분의 시민들은 외과 의사 역할을 했던 이발사가 치료했다. 치통은 벌레 때문이라고 생각해서 사리풀을 태운 연기를 들이마셨다. 사리풀은 마취 효과가 있어서 치료되는 것처럼 느끼기도 했다. 이후 치의학은 점점 발전해서 1세기경에는 치통의 원인이 치아 내부, 치아 뿌리의 염증 때문이라 생각하고, 치아에 구멍을 뚫어 고름을 제거하는 수술을 하기도 했다.

전문 치과 의사의 등장

중세 시대에는 외과 의사를 겸했던 이발사나 발치사들에게 아픈 이를 치료받았지만 별 차도는 없었다. 16세기에 이르러서야 치의학에 관한 책이 등장하고, 치과 의사가 전문 직업으로 인정받기 시작했으며, 19세기에는 치의학 분야가 크게 발전해 치과용 의자, 드릴, 마취제 등이 사용되었다. 동아시아에서는 오래전부터 이쑤시개와 칫솔을 사용해 이를 관리했으나 20세기 초가 되어서야 서양으로부터 전문적인 치의학을 받아들인다.

본격적인
치의학의 발달

마을을 돌아다니는 발치사

로마 제국 멸망 이후 수백 년간 치과 치료는 외과 의사 일을 하던 이발사가 담당했다. 몇몇은 뛰어난 실력을 갖췄지만, 대부분은 특별한 의료 지식이 없었다. 이들은 '발치사'라고도 불렸는데, 마을을 돌아다니며 간단한 곡예나 마술 공연을 해서 사람을 모으고 가짜 환자를 내세워 이를 쉽게 뽑는 것처럼 꾸몄다. 이를 뽑는 것은 매우 아팠고, 교회의 규칙을 지키지 않거나 세금을 내지 못하면 이를 뽑히는 벌을 받았기 때문에 '발치사'는 악명이 높았다. 깃발과 파라솔이 발치사의 상징이었다. 파라솔에는 작은 악어 꼬리 조각이 매달려 있었는데, 이것은 이를 뽑은 후 출혈을 막는 물질을 의미했다.

이슬람권의 치과

유명한 이슬람 의사 알라지는 치통이 열, 냉기, 염증, 진한 체액(몸 안에 있는 모든 액체) 때문에 생긴다고 주장했다. 그는 원인에 따라 다른 치료 방법을 제안했다. 냉기나 진한 체액으로 인한 치통에는 후추, 타르, 약물을 혼합한 것을 쓰고, 열에 의한 치통에는 차가운 물질을 썼다. 염증에 의한 치통은 피를 뽑거나 염증 부위를 자르고 불로 지져 소독하는 방법을 썼다.

이븐 시나는 아픈 부위에 연기를 쐬거나 직접 약을 쓰고, 나쁜 체액을 빼내기 위해 이를 흔들게 했다. 이슬람 문화권에서는 피를 보는 것을 꺼렸기 때문에 꼭 필요한 경우가 아니라면 함부로 이를 뽑지 않았다. 이를 뽑을 때도 미리 이 뿌리에 약을 넣어 흔들리게 한 다음 오랫동안 흔들고, 살살 잡아 뽑았다. 또한 가짜 치과 의사들이 쓰는 속임수를 밝혀서 충치가 벌레 때문이 아니라는 것을 증명하려 한 의사도 있었다.

이슬람 발치사가 이를 뽑는 모습

이발사 길드와 대학 교육

14세기 무렵 외과 의사 일을 하는 이발사도 길드를 만들고, 자신들이 하는 일의 기준을 만들었다. 남자와 여자 모두 길드에 가입할 수 있었고, 회원들에게는 자기 지역에서 일할 수 있는 허가를 내주었다. 종교의 영향에서 벗어난 대학이 점점 늘어나면서 대학에서 공부하는 사람도 생겼다. 그러면서 대학 교육을 받은 외과 의사와 글을 읽지 못하는 이발사로 나뉘기 시작했다.

중세 시대 최고의 외과 의사로 알려진 프랑스의 기 드 숄리아크 (1300~1368)는 치의학도 의학의 부분이니 숙련된 외과 의사가 모두 치료해야 한다고 주장했지만, 널리 받아들여지지는 않았다. 외과 의사는 부유한 환자를 치료했고, 보통 사람들은 여전히 이발사에게 옛날 방식 그대로 아픈 이를 치료받았다.

직업으로 인정받기 시작하다

16세기 치의학에 관한 책이 처음으로 유럽에서 출판되었고, 프랑스에서는 치과 의사가 비로소 의료 전문 직업으로 인정받기 시작했다. 17세기가 되면 프랑스에서는 외과 치과 의사라는 이름이 별도로 사용되기 시작했다. 외과 치과 의사가 되려면 대학에서 '외과'를 공부하고, 경험이 풍부한 치과 의사와 2년을 함께 일하면서 경력을 쌓아야 했다. 그 후 시험을 통과하면 '치과 전문가' 자격을 얻었다.

여성은 대학 입학이 허가되지 않았지만, 프랑스에서 초기에는 여성도 치의학을 배우고, 치과 의사가 될 수 있었다. 하지만 1740년 이후 치과 의사는 남자만 할 수 있는 일로 바뀌었다. 프랑스의 외과 치과 의

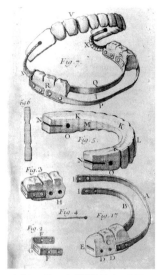

피에르 포샤르가 개발한 치과 도구들

사는 점차 유럽 전역의 모델이 되었다.

근대 치의학의 아버지라고 불리는 피에르 포샤르(1678~1761)는 1728년 외과 지식과 풍부한 임상 경험을 바탕으로 치아와 구강의 구조, 질병, 치료법 등을 체계적으로 정리하고, 자신이 개발한 치과 도구의 그림을 넣어 『외과 치과의』라는 책을 펴냈다. 그는 여기에서 충치가 벌레 때문에 생기는 것이 아니며, 충치를 예방하기 위해서는 설탕 섭취량을 줄여야 한다고 했다.

당시 치과 의사들은 치료 방법을 자신만의 비법으로 생각해 다른 사람에게 알려 주지 않았지만 포샤르는 치과 진료 기술이 치의학의 발전을 위해 서로 공유되어야 한다고 주장해 치의학이 널리 퍼져 나가는 데도 크게 이바지했다.

북아메리카의 치과 의사

유럽의 변두리, 시골, 그리고 영국의 식민지였던 북아메리카에는 전문적인 치과 의사가 없었고, 약사나 이발사, 대장장이, 보석 세공사, 금속 공예가 등 기술이 있는 사람은 누구나 치과 치료를 했다. 미국 독립 전쟁에서 활약한 보스턴의 유명한 은세공업자 폴 리비어(1743~1818)도 가게 간판 구석에 '이 치료'를 덧붙여 두었다.

이처럼 자격 기준이 따로 없었기 때문에 돌팔이나 사이비 의사도 많았다. 종교적 신념이 강한 미국인들은 '치아'를 신이 주신 것으로 생각해 몹시 아픈 경우가 아니면 뽑지 않고 그대로 두려고 했다. 그러다가 병이 심해져 심한 경우 죽는 사람도 있었다.

미국이 영국으로부터 독립하기 위해 시작된 독립 전쟁 당시 프랑스는 미국을 도우려고 군대와 함께 치과 의사도 2명 보냈다. 이들은 미국 의사들에게 치과 기술을 전수해서, 신대륙에 치의학의 씨앗을 뿌렸다. 이들로부터 배운 존 그린우드(1760~1819)는 발로 밟으면 회전하는 치과용 드릴을 개발했고, 미국 초대 대통령 조지 워싱턴에게 틀니를 만들어 주기도 했다.

미국으로 넘어간 치의학의 주도권

19세기 중반 무렵부터 치의학의 주도권이 서서히 유럽에서 미국으로 옮겨졌다. 1840년에 의과 대학에서 독립한 치과 대학이 볼티모어에 생겼다. 처음에는 의과 대학에 치의학을 포함하려 했지만, 기존 의과 대학의 반대로 실패했다. 그래서 따로 대학을 만들고, 전문 잡지와 치과 의사 협회도 만들었다. 이때부터 미국에서는 의과 대학과 치과 대학이 따로 운영되었으며, 주 정부는 치과 의사에게 면허를 주기 시작했고 유럽도 이를 따랐다. 우리나라처럼 미국 학교 제도를 본받은 나라에서도 의과 대학과 치과 대학을 나누고, 면허도 따로 준다.

18세기 후반부터 치과 의사들은 일반 시민을 위한 치과 병원을 세웠고, 치과 의사가 되려는 학생들은 이 병원에서 치료 실습을 했다. 미국에서 치과 의사를 양성하는 학교와 면허 제도가 만들어졌지만, 남북 전쟁이 끝날 때까지 훈련받은 치과 의사는 많지 않았고, 시골에서는 여전히 떠돌이 발치사들이 이를 뽑았다.

1870년대에는 미국에 1만여 명의 치과 의사가 있었는데, 이 가운데

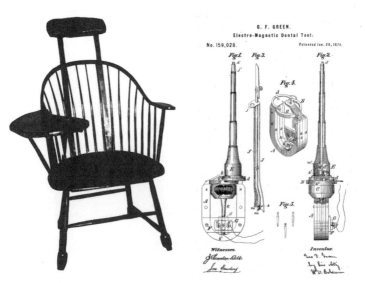

1790년 미국의 치과 의사 조시아 플랙이 처음 만든 치과 의자(왼쪽)와 1875년 조지 그린이 만든 최초의 전기 드릴 설계도(오른쪽)

10%만 제대로 공부한 사람이었다. 점차 치과 의사가 되는 데 필요한 교육 기간과 자격 조건이 제도로 만들어지면서 돌팔이나 무자격자들은 사라져 갔다.

점점 까다로워지는 치과 의사 자격 조건

19세기에 들어와 치과 의사들이 생리학, 화학 등을 본격적으로 공부하기 시작하면서 치의학 분야의 기술도 크게 발전했다. '치과용 의자', '전기 드릴', '마취제' 등을 치료에 사용하게 되면서 치과 의사는 더욱 숙련된 기술을 익혀야 했고, 치과 의사가 되기 위한 자격 조건도 까다로워졌다. 대학을 마치고 대학원에서 공부하는 사람도 늘어났으며, 치과 의사가 되기 위한 면허 시험 제도도 자리 잡았다.

1891년에 미국에서는 치과 의사를 기술자가 아닌 전문가로 분류하기 시작했고, 그때부터 요즘 치과 의사와 비슷한 지위를 얻었다. 기술이 발달하면서 질병의 치료에서 예방, 위생을 위한 진료가 중요시되었고, 원래 치아도 더 잘 보존하게 되었다.

전문화되는 치과 의사

20세기 초까지만 해도 치과 의사는 치아와 구강에 관한 모든 질병을 혼자 다 진료했다. 그러다가 점점 기술이 발달하고, 진료가 복잡해지면서 치과 의사도 자기가 중점적으로 치료하는 분야가 생기기 시작했다. 1900년에 처음으로 치아를 바로잡는 교정 전문의가 탄생했고, 이어 구강외과, 치과병리학, 치과보존학, 치과보철, 소아치과 등이 생겼다.

치과 기공사와 치과 위생사

아주 오랜 옛날부터 상아, 나무, 금속 등으로 인조 치아인 의치를 만들었다. 프로이센의 프리드리히 대왕(1712~1786)의 전속 치과 의사인 필립 파프(1713~1766)는 밀납으로 치아의 본을 뜬 다음, 석고를 부어 모형을 만들고 이를 이용해서 의치를 만드는 기술을 개발했다. 프랑스에서는 도자기를 이용해서 의치를 만드는 방법이 개발되었고, 1855년 미국에서는 딱딱한 고무 재질로 의치를 만들었다.

처음에 의치는 보석이나 귀금속을 세공하는 장인들이 만들었지만, 점차 이것만 전문적으로 만드는 '치과 기공사'라는 직업이 생겨났다. 이들은 치과 의사의 주문을 받아 의치, 브리지 등 치과 보조물을 만들었다.

또한 치석을 제거(스케일링)하고, X선 촬영을 하고, 치과 병원에 필요한 업무를 하는 '치과 위생사'라는 직업도 생겼고, 1905년에는 이들을 교육하는 학교도 만들어졌다. 치과 위생사는 대부분 여성이었고, 2~4년 대학 교육을 받은 후 시험을 통과해야 했다. 영국에서는 이들을 치과 간호사라고도 불렀다. 하지만 대부분 나라에서는 치과 위생사가 환자 기록 관리, 기구 관리, 치과 의사 보조를 하고, 환자를 돌보는 간호 활동은 하지 않는다.

우리나라에서도 치과 기공사와 치과 위생사는 정해진 학교를 마친 후 국가시험을 통과하면 자격을 준다. 치과에서 의사, 간호사와 함께 일하는 이 직업들은 '의료 기사'로 분류된다.

20세기 이후의 치과 의사

20세기 중반 이후 개인 치과 병원이 많이 늘어났고, 군대나 정부에서 공공 의료에 종사하는 치과 의사도 늘어났다. 정부에서 일하는 치과 의사는 주로 치과 질병 예방, 건강한 치아 관리에 대한 교육과 사회 전체의 위생 수준을 높이는 정책을 만든다.

여성 치과 의사도 늘어났다. 19세기 후반까지 여성 치과 의사는 대부분 치과 의사인 남편이 차린 병원에서 치료를 돕는 경우가 많았다. 1864년 미국의 여성 치과 의사 에멜린 존스(1836~1916)가 최초로 자기 병원을 개업했다. 처음에는 남편이 차린 병원에서 조수로 일하다가, 남편이 죽고 난 후 자기 이름을 걸고 병원을 운영했다.

20세기 이후 정교한 드릴, 항생제, 마취제 등이 발전했고, 치과 치료의 효과도 높아졌다. 또한 질병의 치료뿐 아니라 미용을 목적으로 치아를 교정하는 사람도 늘어났다.

치과 진료 비용은 다른 의료 비용에 비해 비싸서 개인 의료 보험이 없으면 이용하기 힘든 경우가 많다. 오늘날에도 여전히 치과 치료를 받기 어려운 사람이 많고 마을마다 돌아다니는 치과 의사의 도움을 받는 나라들이 있다.

동아시아에서의
치의학과 치과 의사

● 중국

고대 중국의 치의학

중국에는 기원전 8세기경에 이가 나고 입과 치아의 형태가 변하는 것에 대한 기록이, 기원전 3세기경에 치아 표면에 백색이나 갈색의 반점이 생기는 치아 불소증에 대한 기록이 있다. 또 치아의 구멍을 메우는 데 수은에 다른 금속을 섞은 아말감을 사용했다.

한나라의 장중경이 쓴 『상한잡병론』의 잡병편인 「금궤요략」에는 충치 때문에 이가 아픈 아이를 웅황이라는 광물을 사용해서 치료하는 방법이 나온다. 웅황에는 비소 성분이 있는데, 19세기 서양에서는 비소를 치아 안쪽의 염증 치료에 사용했다.

13세기 원나라 때 국립중앙병원 격이었던 태의원의 치료 분야는 13개로 나뉘어 있었는데, 그 가운데 하나가 입과 치아의 질병을 다루는 '구치과'였다. 명나라 때의 이름난 의학자 설기(1487~1559)는 입과 치아, 혀, 목의 염증 등 12가지 종류의 병의 증상과 치료법을 다스리는 방법을 쓴 『구치류요』를 펴냈다.

치과 위생의 발전

중국에서는 치아를 관리하는 방법도 일찍부터 발전했다. 1세기경 중국 의학책에서는 음식을 먹으면 이 사이사이에 독이 쌓이기 때문에 매일 저녁 이를 닦아야 한다고 강조했고, 술을 마시고 나서도 물로 양치질을 해야 희고 건강한 치아를 가질 수 있다는 기록이 남아 있다.

이쑤시개는 춘추 전국 시대에 등장했는데, 3세기경 무덤에서 금으로 만든 이쑤시개가 발굴되었고, 원나라 때 쓰인 시에는 "고기를 먹으면 먼저 이쑤시개를 찾는다"라는 구절이 나온다. 귀족들은 금, 은, 상아, 동물 뼈 등으로 만든 이쑤시개를 사용했고, 보통 사람들은 대나무나 버드나무로 만든 이쑤시개를 썼다.

당나라 때부터 버드나무 가지 끝을 가늘게 잘라 칫솔로 쓰기 시작했고, 15세기경에는 나무 끝에 동물 털을 붙인 칫솔이 등장했다. 생강, 소금, 사포닌 등으로 만든 치약과 양치용 세정제도 있었다. 중국 사람들이 즐겨 마시는 차에도 충치를 방지하는 효과가 있다고 한다.

서양 의학의 도입과 치과 의사

20세기 초까지도 중국에는 전문 치과 의사가 없었다. 사람들은 이가 아파 견딜 수 없으면 길거리 발치사를 찾아갔다. 이들은 이 발과 구두 수선을 겸해서 하기도 했는데, 길거리에 책상을 두고 펜치나 망치를 사용해서 이를 뽑았다.

이를 뽑고 있는 청나라 말 길거리 발치사
©wellcome collection

1907년 캐나다 의사 애슐리 린지(1884~1968)가 쓰촨 청두에 처음으로 치과 진료소를 열었고, 1917년에는 청두 화서협화 대학에 치의학과가 생겼다. 1921년에는 처음으로 중국인 졸업생이 나왔고, 청두는 중국 치의학의 중심지가 되었다. 1963년에는 치과 의사 협회가 만들어졌고, 1980년대 이후 개방 정책으로 세계 각국과 치의학, 치과 의사 교류를 하고 치과 관련 산업도 발전하고 있다.

• 우리나라

우리나라 고대의 치과 질환과 치료

우리나라 선사 시대 유적에서도 치아 질환의 흔적이 발견되었다. 고대 유골에서는 딱딱한 음식을 먹어 심하게 닳아 버린 치아와 치석의 흔적이 나타났다. 고조선 때는 당시 다른 민족과 비슷하게 기도나 주술, 부적, 약초 등을 써서 치아 질병과 통증을 고치려 했겠지만, 치과 의술이나 치과 의사에 대한 기록은 찾을 수 없다.

삼국 시대에는 치의학에 불교가 크게 영향을 미쳤다. 치아의 통증은 벌레 때문이라고 생각하고, 이 벌레를 승려의 힘을 빌려 제거하려고 했다. 승려들이 수행이나 설법하러 돌아다닐 때 항상 지니는 물건이

우리나라 치아에 관한 최초의 기록

『삼국사기』에는 신라 2대 왕인 남해 차차웅이 아들 유리가 아닌 사위 석탈해에게 왕위를 물려주려고 하자 석탈해가 '치아가 많은 사람이 현명하다'라고 해서, 떡을 물고 생긴 잇자국을 세 보니 유리가 많았다. 이에 유리가 왕위를 물려받고 3대 왕 유리 이사금이 되었다는 기록이 있다. 이것이 치아에 관한 우리나라 관한 최초의 기록이다. 이사금이 사투리로 '잇자국'이라고 설명하기도 하지만, 국어학자들은 '임금'의 기원이라고 해석한다.

18가지가 있는데, 그 가운데 하나가 일종의 칫솔인 치목이었다. 당시 치과 치료로는 약물을 태운 연기를 쐬는 방법, 색깔이 변한 치아 표면을 긁어내는 방법, 이를 뽑고 상처를 불로 지지는 방법 등을 사용했다.

통일 신라 시대의 치과 치료

삼국을 통일한 신라는 본격적으로 중국 수나라와 당나라의 의학 지식과 교육 제도를 들여왔으며, 의료 인력도 늘리고 의학 서적도 간행했다. 치의학은 의학 중에서 '이목구치(귀, 눈, 입, 치아)과'로 분류되었고 치아, 입술, 입의 질병을 구분해서 치료했다. 치료에는 주술, 약물, 침이 모두 동원되었다. 불교 승려들은 충치나 치통을 치료하기 위해 『불설주치경』을 소리 내 읽었다. 이 불경은 어금니 속에 사는 벌레의 왕을 부처님의 힘을 빌려 쫓아내는 주문이다.

고려 시대의 치의학

고려는 중국 송나라로부터 의학 서적을 수입해 치과 치료에도 이용했다. 우리나라 약을 사용하기 위한 노력으로 만든 『향약구급방』에는 치아에 난 구멍을 송진으로 막기, 잇몸이 곪고 썩는 병에는 잉어 쓸개를 솜에 싸서 붙이기, 치통에는 버드나무 가지를 잘게 썬 다음 소금물에 달여 양치하기 등 치과 질병의 증상에 따라 사용하는 30여 가지의 처방이 실려 있다.

당시에는 많은 사람이 치통에 시달렸다. 고려의 학자이자 문인이었던 이규보는 "사람은 먹어야 살 수 있으며 먹을 때는 이로 씹는데, 이가 몹시 아파 먹지 못하니 하늘이 나를 죽이려는가 보네"라는 시를 읊기도 했다.

왕이 앓아도 고치기 힘든 치통

조선 시대 간행된 『향약집성방』에는 입과 혀, 치아에 관한 병과 이에 대한 치료법이 나와 있다. 치통의 원인을 바람, 열, 차가움, 벌레의 네 가지로 구분하여 이에 대한 치료법을 설명했고 밀랍, 송진, 느릅나무씨, 말린 지렁이, 사향, 낭탕자(미치광이풀의 씨) 등을 사용해서 이의 구멍을 메웠다.

또한 침으로 치료하는 방법도 나와 있다. 세종 때 만들어진 동양 최대의 의학 백과사전 『의방유취』에는 납으로 충치의 구멍을 메우는

고려 시대 치아와 관련된 형벌

고려 시대 기록에는 집안 형제간에 다퉈 이를 부러뜨리면 3년간 감옥에 들어갔고, 남편이 아내를 때려 치아 한 개가 부러지면 곤장 90대를 맞았다. 1134년 인종 12년 재판 기록에 따르면 "사람을 때려 이를 부러뜨린 자에게 구리를 받아 피해자에게 주라"는 기록이 있다.

방법과 치통을 여러 약물 재료를 섞어 치료하는 법을 소개하고 있다. 『동의보감』에는 치통을 7가지로 구분해서 치료법을 기록했고, 입과 혀를 치료하기 위해 약을 사용하는 방법, 칼로 입안을 째 피를 뽑는 외과 수술 방법도 설명했다.

『조선왕조실록』에 따르면 27명의 왕 중 5명이 치통을 겪었다는 기록이 있고, 세종 때는 이갈이를 치료하는 의녀가 등장하기도 한다. 치통의 괴로움을 한탄하는 선비들도 있었다. 조선 중기의 문신 현덕승은 '병든 이를 탄식함'이라는 시에서 "치통이야말로 가장 감당하기 어려운 일이니, 남은 생을 어찌 보내면 좋을까"라고 읊었고, 조선 후기의 학자 정약용은 늙은이의 유쾌한 일 중 하나가 "이가 다 빠져 치통이 없는 일"이라고 했다. 이처럼 왕을 비롯한 지배층도 치통에 시달린 것으로 보아 치과 질병에 대한 근본적인 치료는 힘들었을 것이다.

서양식 치의학의 도입

서양식 치의학은 조선 말기 청나라를 통해 도입되기 시작했고, 개항 이후 서양인 기독교 선교사와 일본인들이 본격적으로 전했다. 최초의 서양식 병원인 제중원에서 충치, 구내염, 치통, 발치 등 구강과 치과 진료를 보았고 학생들도 이를 뽑는 방법을 배웠다. 기독교 선교사 의사들도 외과 진료의 일종으로 치과 치료를 했다. 갑오개혁 때 의학 제도를 정비했지만, 치과 의사 제도가 별도로 만들어지지는 않았다.

1893년 일본인 치과 의사 노다 오지(1871~1930)가 일본인을 대상으로 처음 치과 의원을 열고 고무 의치, 브리지, 보철, 이 뽑기 등을 진료했다. 대한 제국 말기까지 여러 일본인 치과 의사가 우리나라에서 활동했다. 미국인 선교사이자 치과 의사인 데이비드 한(우리말 이름 한대위, 1874~1823)은 1906년 병원을 열고 치통, 발치, 충치, 보철 치료를 했다. 그는 1909년 한국인 치과 의사를 양성하기 위한 치의학교 설립을 시도했으나, 일제 통감부가 이를 허가하지 않아 실패했다.

일제 강점기의 치의학

조선 총독부는 1913년 '치과 의사 규칙'을 만들어 치과 의사의 자격을 정했다. 치과 의사 자격은 조선 총독이 지정한 치과 학교를 졸업하거나 치과 의사 시험에 합격한 사람, 외국의 치의학교를 졸업하고 면허를 받은 사람에게 주어졌다. 하지만 당시 우리나라에는 치의학교가 없었기 때문에 이 제도는 일본인 치과 의사를 보호하고, 우리 치과 의사 양성을 막기 위한 것이었다.

1922년 경성 치의학교가 문을 연 후 우리나라 출신의 치과 의사가 늘어나기 시작했다. 1931년에는 세브란스병원에 딸린 의학 전문학교에 치과학 교실을 열고 치과 의사를 양성했고, 우수한 학생은 미국에 유학을 보내 주기도 했다. 경성 치의학교는 1929년 총독부의 지원을 받아 경성 치과 의학 전문학교로 바뀌었는데, 주로 일본인 치과 의사를 교육했고, 학생 중 우리나라 사람은 30% 정도였다.

일본인 치과 의사들이 주도해서 1921년 조선 치과의사회를 만들었고, 우리나라 치과 의사들은 1925년 한성 치과의사회를 만들어 학술 연구, 위생 계몽, 회원의 지위 향상을 위해 노력했다. 하지만 1942년 일제가 강제로 한성 치과의사회를 경성 치과의사회에 합치는 바람에 우리나라 의사는 단체 활동을 할 수 없었다. 치과 의사에 대한 제도와 교육, 치과 의사의 개업과 의료 행위는 모두 일본의 통제를 받았다.

우리나라 최초의 치과 의사, 함석태(1889~?)

함석태는 우리나라 사람으로 최초로 정규 교육을 받고 면허를 받은 치과 의사이다. 1912년 일본 치과 의학 전문학교를 졸업한 뒤 1914년 치과 의사 면허 1호로 등록했고, 같은 해 서울 삼각동에 한성 치과의원을 차렸다. 한성 치과의사회 초대 회장으로 우리나라 치과 의사들을 위해 노력했을 뿐 아니라, 독립운동을 지원하고, 독립운동가 안창호와 김약수 등을 치료했다. 조선 총독부에 폭탄을 던진 강우규 열사의 손녀를 양녀로 들여 키웠고, 우리 문화재를 수집한 것으로도 유명하다. 1944년 말 자신의 고향인 평안북도 영변으로 돌아간 이후 소식은 알 수 없다.

가족들과 함께한 함석태

전쟁을 딛고 국제적 수준으로 올라선 치의학

해방 이후 전쟁을 거치면서 치의학계도 큰 타격을 입었다. 전쟁 기간 동안 대부분 치과 병원이 문을 닫았고, 100여 명에 이르는 치과 의사가 실종되거나 사망했다. 전쟁 피해에서 회복되는 1960~70년대에는 치과 의사 수도 적었고, 그나마 전체 치과 의사 중 3분의 1은 서울에 모여 있었다. 치과 진료의 비용은 매우 비싸 병원을 찾는 환자도 적었다.

1977년 의료 보험 사업이 시행되면서 환자가 내는 치과 진료 비용이 줄어들었고, 치과를 찾는 환자가 늘어났다. 환자가 늘어나면서 의사도 많이 필요해졌다. 70년대 후반 이후 치과 대학이 늘어나기 시작했고, 1977년에는 치의학 박사가 처음으로 탄생했다.

1980년대 경제 성장과 식생활 변화로 설탕 섭취량이 늘면서 치과 질병도 증가했다. 치과 의사 수도 많이 늘어 제주와 강원을 제외한 각 도에 치과 대학 부속 병원이 생겼고, 농촌과 어촌의 보건소에서 공중 보건 치과 의사가 국민의 치아 위생, 치아 질병 예방 활동을 했다.

2000년대에 접어들면서 우리나라 치과의 수준도 높아져 국제 활동이 활발해졌으며, 의료 보험으로 보장받는 치과 진료도 점점 늘어났다. 우리나라에서 만든 의료 기기는 매년 외국으로 수출되고 있고, 전체 의료 산업에서 치과가 차지하는 비율이 늘고 있다.

치과 의사의
오늘과 미래

치과 의사가 되려면 의사의 기본적인 자질에 손으로 무언가를 만드는 기술이 필요하다. 과학 기술의 발전으로 치아의 이상 여부는 인공 지능의 도움을 크게 받게 될 것이며, 치과 의사는 환자와 원활한 소통으로 진료의 질을 높이게 되는 시대가 올 것이다.

현대의 치과 의사

치과 의사가 하는 일

치과 의사는 벌레 먹은 치아(충치)나 손상된 치아를 치료한다. 신경 치료를 하기도 하고, 치아 일부를 금이나 다른 재료로 때우기도 한다. 치료할 수 없는 치아는 뽑아내고, 잇몸의 염증을 치료한다. 치아에 오랫동안 엉겨 붙은 물질(치석)을 제거하고, 고르지 못하게 난 이를 가지런하게 교정하거나, 치아가 없는 사람을 위해 틀니 같은 인공 치아나 보철을 장착해 준다.

치아, 잇몸, 입안 외에도 위턱, 아래턱 등에 생기는 질환이나 상해, 기능 이상 등을 진단하여 치료한다. 칫솔질이나 치실, 불소 사용법 등을 지도하여 치과 질환을 예방하는 것도 치과 의사의 중요한 일이다.

치과 전문의의 분야

의사와 마찬가지로 일반의 자격을 얻고 일정한 경험을 쌓으면 전문의가 될 수 있다. 전문의의 전공 과목은 충치를 치료하고 치아와 관련된 통증을 제거하는 치과보존과, 틀니 등 이의 역할을 대신하는 것을 만들어 주는 치과보철과, 치아가 비뚤어지거나 위아래 이가 잘 맞물리지 않는 것을 교정하는 치과교정과, 입과 턱, 얼굴 부위의 수술을 전문적으로 하는 구강안면외과, 어린 환자를 전문적으로 돌보는 소아치과 등 11개 분야가 있다.

치과 의사가 일하는 곳

대부분의 치과 의사는 병원에 들어가 환자를 진료하거나 자기가 치과 의원을 차려 환자를 본다. 그러나 의사와 마찬가지로 국가 기관에 들어가 공무원으로 국민 보건 향상을 위해 일하기도 하고, 교수가 되어 연구와 학생 지도를 할 수도 있고, 치과 의료에 관련된 일반 기업, 보험 회사 등에서 일하기도 한다. 치과와 관련된 새로운 물질이나 장비를 개발하는 회사를 차리는 사람도 있다.

치과 의사에게 필요한 자질

의사에게 필요한 자질과 치과 의사에게 필요한 자질은 크게 다르지 않다. 치과 교육의 전문가들은 1) 최신 지식과 기술을 이해하고 활용할 수 있는 능력 2) 윤리적, 법적 규정을 준수하는 전문가 정신 2) 환자 및 다른 사람들과 효과적으로 의사소통할 수 있는 능력 4) 환자를 진료하기 위해 다른 전문가들과 기꺼이 협력하는 능력 5) 새롭게 발전하는 지식과 첨단 기술에 관한 학습 능력을 갖추어야 한다고 생각한다. 또한 주어진 과제를 묵묵히 인내심을 가지고 해결해 나가는 인내력과 체력도 필수적이다.

치과 진료를 할 때 필요한 재료를 직접 손으로 깎아 만들거나 외과 시술을 해야 할 수 있다. 그 때문에 조그만 물건을 손으로 만드는 것을 좋아하는 섬세한 성격에 아름다움에 대한 감각이 있으면 더욱 좋다.

미래의 치과 의사

가까운 미래

우리나라 국민의 소득과 교육 수준이 높아지고 평균 수명이 늘어나면서 치아와 구강 건강에 관한 관심이 커지고 있다. 수준 높은 치과 치료를 받고자 하는 사람들이 늘고 있고, 예방 차원의 치료를 받는 사람, 외모를 위해 치아를 교정하는 사람도 계속해서 늘고 있다. 고령화로 인한 노년층의 증가로 틀니, 잇몸에 인공 치아를 심어 넣는 임플란트 등의 분야에서 수요도 커질 것이다. 정부에서는 경제적 도움이 필요한 노인 대상으로 무료 인공 치아 시술을 확대 보급하는 정책을 계속하고 있다. 이러한 이유로 2028년까지 매년 치과 의사가 약 2% 내외 늘어날 것으로 예측한다. 우리나라 치의학 기술의 발전으로 해외로 진출하는 치과 병원과 치과 의사도 늘고 있다.

새로운 기술 발전과 치과 의사

기술의 발전에 따라 치아를 여러 가지 기술로 촬영한 후 정밀한 분석 및 인공 지능에 의한 진단이 늘 것이다. 3D 프린팅 기술을 이용해서 인공 치아나 다른 보철물(치아가 상한 곳을 바로잡을 때 사용하는 물건)을 개인에 딱 맞도록 더욱 정교하게 만들 수 있어 치료에 큰 도움이 될 것이다. 특히 치아에 금이 가거나 손상이 있을 때는 치아를 감싸는 형태의 보철물을 만드는데, 전에는 사람이 손으로 일일이 만들었다면 지금은 치아를 카메라로 스캔한 다음 3D 프린터를 이용해 바로 제작이 가능해졌다. 이러한 기술로 보철물 제작에 들던 치과 의사의 시간과 노력이 줄어들었고 동시에 환자는 자기 이의 형태와 꼭 들어맞는

3D 프린터

프린터는 컴퓨터에 연결해 글자나 그림을 종이나 필름 같은 2차원 평면에 찍는 기계다. 이와 달리 3D 프린터는 설계 도면을 읽어 들여, 3차원의 입체 형상을 만들어 내는 기계이다. 우리나라에서도 2015년 이후 많이 도입되어 모형, 부품

3D 프린터

등을 제작하는 데 이용되고 있다. 의료용으로는 인공 관절, 인공 치아 등을 만들 때 활용하기도 하고, 보청기와 같은 장비를 만들 때도 사용되고 있다.

보철물로 치료받을 수 있게 되었다.

기술의 발전에도 치과 의사가 가치 있는 직업으로 남기 위해서는 무엇보다도 환자와 직접 대면해서 잘 소통하고, 환자의 기대에 어긋나지 않는 진료, 믿음직한 진료를 하는 것이 중요하다.

치아와 구강의 질병을 치료하는 치과 의사

인류는 수만 년 전부터 치아 질병으로 고통받았다. 이가 아프면 음식을 제대로 먹을 수 없었고, 제대로 먹지 못하면 생존이 힘들었기 때문에 고대 인류에게 치아 질병은 중대한 문제였다. 다른 의학 분야처럼 초기에는 기도와 주술, 부적 또는 연기 같은 방법으로 치과 질병을 치료하거나, 아예 아픈 이를 뽑았다. 전문적인 치과 의사가 나타나기 전까지 이를 뽑는 일은 이발사나 발치사가 담당했고, 이들은 사회에서 크게 존경받는 위치는 아니었다.

17세기 이후 비로소 치의학은 의학의 전문 분야로 인정받는 직업으로 자리 잡았고, 19세기 이후에는 과학과 기술의 발전에 힘입어 진료의 수준이 높아졌고, 많은 사람이 치과 의사의 도움을 받을 수 있었다. 하지만 아직도 경제적으로 발전하지 못한 나라나, 발전한 나라에서도 도시가 아닌 시골에 사는 사람들은 치과 의사의 도움을 충분히 받지 못하고 있다. 또한 치과 진료에 드는 비용은 아직도 상대적으로 다른 의료 비용보다 비싼 실정이다.

과학과 기술의 발전으로 치과 진료에 필요한 도구는 더욱 발전해서 인공 지능이나 로봇이 치과 의사를 돕는 세상이 열릴 것이고, 치과 의사들은 변화한 환경에서 환자와 잘 소통해서 진료의 질을 높이기 위해 노력하고 있다.

어떻게 의사가 될 수 있나요?

병원의 종류

보통 의료 기관을 뭉뚱그려 '병원'이라고 부르지만, 의료 기관에는 의원, 병원, 종합 병원, 상급 종합 병원, 전문 병원이 있다. 집에서 치료를 받으러 다니는 환자(외래 환자)를 주로 치료하는 곳은 의원으로, 동네에서 가장 흔하게 볼 수 있다. 병원은 30개 이상의 병상을 갖추고 환자를 치료하는 곳이며, 종합 병원은 100개 이상의 병상과 법으로 정해진 필수 진료 과목을 7개 이상 갖춰야 한다. 이 가운데 상급 종합 병원은 어려운 치료를 전문적으로 하는 병원으로, 법으로 정해진 진료 과목을 20개 이상 갖춘 곳이다. 이는 보건 복지부에서 3년마다 한 번씩 진료 기능과 교육 기능, 인력과 시설, 장비 등을 평가해 지정한다. 전문 병원은 특정 진료 과목이나 질환에 대해 난이도 높은 치료를 하는 병원이다.

우리나라의 의사와 병원의 현황

    2019년을 기준으로 우리나라에는 126,724명의 의사가 있다. 이 가운데 74퍼센트는 남자 의사로 여자 의사보다 3배 정도 많다. 전체 의사 중 79퍼센트인 100,161명이 전문의다. 전문의는 내과, 외과, 정형외과, 소아청소년과 순으로 많다. 약 3만 3천여 개의 의원급 의료 기관과 3천 5백여 개의 병원급 의료 기관이 있는데, 의사 중 약 6만여 명은 의원급 이하의 의료 기관에서 일하고, 약 4만 4천여 명은 병원급 이상의 의료 기관에서 일하고 있다. 2019년 의사 국가시험에 합격해서 새로 의사 면허를 받은 사람은 3,115명이고, 전문의 자격시험에 합격해 전문의가 된 사람은 2,962명인데, 의사 시험의 합격률은 약 94%, 전문의 자격시험의 합격률은 약 98%이다.

(단위:명)

1968년	1978년	1988년	1998년	2007년	2010년	2019년
13,240	20,079	36,845	65,431	91,393	101,569	126,724

연도별 의사의 수

급별 병원 수

(단위: 개소)

년도	합계	종합병원·병원	의원·조산원	치과병의원	한방병의원
1990	21,701	588	11,527	5,292	4,294
1995	29,773	706	14,766	8,304	5,997
2000	38,665	949	19,777	10,527	7,412
2005	49,566	1,367	25,645	12,643	9,911
2010	56,244	2,462	27,557	14,262	11,963

* 자료: 보건복지부 의료기관정책과, 의료기관 실태보고

* 주) 병원: 일반병원, 요양병원, 결핵·한센·정신병원 등의 특수병원, 의원: 산업체의 부속의원 포함

전문의 자격을 얻기

의사 국가시험을 통과하면 정식 의사로서 병원에서 환자를 치료할 수 있다. 이 사람들을 일반의라고 부른다. 의사 자격을 얻고도 더 공부해서 전문의가 되는 사람이 많다. 우선 일반의로 전공 과목 없이 병원에서 1년 동안 실습과 훈련을 하는데, 이를 인턴(혹은 수련의)이라고 한다. 그런 뒤 자기가 전공할 과목을 정한 후 4년 동안 병원에서 더 훈련을 받는다. 이 사람들이 레지던트(혹은 전공의)이며, 레지던트를 마치고 자격시험을 통과하면 전문의가 된다. 의사 자격을 얻은 사람은 스스로 병원을 차리거나 병원에 취직할 수 있는데, 의사를 뽑는 직장은 저마다 선발 기준이 다르다.

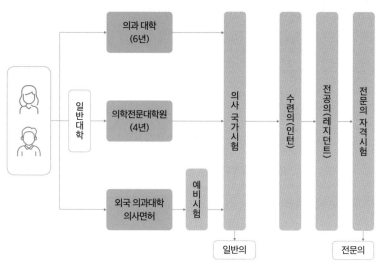

의사 자격을 얻는 과정

한의사와 한방 병원의 현황

　2019년을 기준으로 우리나라에는 25,592명의 한의사가 있다. 이 중 78%는 남자이다. 전체 한의사의 약 12~13%가 한의사 전문의이다. 약 1만 4천여 개의 한의원급 의료 기관과 300여 개의 한방 병원급 의료 기관이 있는데, 한의사 중 약 1만 6천여 명은 의원급 이하의 의료 기관에서 일하고, 약 4천여 명은 병원급 이상의 의료 기관에서 일하고 있다. 한방 병원이 아닌 종합 병원이나 일반 병원에서도 한의사가 한방 치료를 한다. 2021년 한의사 국가 시험에 합격해서 새로 한의사 면허를 받은 사람은 743명으로, 합격률은 약 97%이다.

연도별 한의사의 수

연도	2011년	2013년	2015년	2017년	2019년
명	16,826	18,199	19,246	20,389	21,630

한의사 면허 받기

한의사가 되기 위해서는 한의과 대학 6년을 마치고 또는 대학 졸업 후 한의학 전문 대학원 4년을 마치고 나서 한의사 국가시험을 통과하면 한의사 면허를 받을 수 있다. 국가시험을 볼 자격을 주는 한의학 전문 대학원은 현재 부산대학교 한 군데만 있다. 우리나라에서 인정하는 외국 대학에서 한의학을 전공하고, 외국 한의사 면허를 받은 사람은 먼저 예비 시험을 치르고, 합격해야 한의사 국가시험을 볼 수 있다. 기본적으로 의사 면허를 받는 과정과 같다.

전문의 되기

2000년부터 전문의 제도를 만들었다. 한의사 면허를 얻은 후 한방 병원(한의학 진료를 하는 기관으로 입원 환자 20명 이상을 받을 수 있는 곳)에서 일반 수련의 1년, 전문 수련의 3년을 마친 사람은 전문의 자격시험을 볼 수 있으며, 이 시험에 합격하면 전문의 자격을 얻는다. 한의사의 전공 진료 과목은 한방내과, 한방부인과, 한방소아과, 한방신경정신과, 침구과 등 모두 8가지이다.

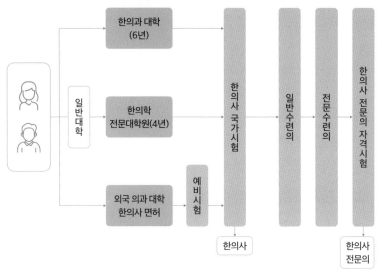

한의사 자격을 얻는 과정

치과 의사 대우

치과 의사의 월평균 소득은 우리나라 소득 순위로 10위 안에 들어가는 직업이다. 일이 많고 육체적, 정신적으로 스트레스를 많이 받기는 하지만 자기 일에 대한 자긍심이 높다. 또한 의료 기관에서 일하는 여러 직업 중에서 직업에 대한 만족도가 1등이다.

치과 의사는 일주일에 평균 98명의 환자를 보는데, 이는 의사 235.2명, 한의사 115.5명에 비해 적다. 치과 진료는 다른 진료에 비해 한 사람을 보는 데 시간이 더 걸리기 때문에 진료하는 환자의 수가 더 적은 것일 뿐, 일하는 시간이 의사나 한의사에 비해 짧은 것은 아니다. 또

다른 의료 직업에 비해 한 직장에 오래 다니며 직장 동료와의 사이도
좋다.

연도별 치과의사의 수

연도	2011년	2013년	2015년	2017년	2019년
명	21,410	22,842	23,540	25,300	26,486

치과 의사와 치과 병원의 현황

2019년 우리나라에서 면허를 받은 치과 의사는 31,640명이다. 이 중 73%는 남자 의사이고 여자 의사는 26%이다. 여러 질병을 모두 진료하는 종합 병원과 치과 진료만 하는 239개의 치과 병원에서 3,749명의 치과 의사가 일하고 있다. 1만 8천여 개의 치과 의원에 일하는 치과 의사는 약 8만여 명이다. 2019년 치과 의사 국가시험에 합격해서 새로 치과 의사 면허를 받은 사람은 790명으로, 합격률은 약 97%이다. 우리나라 인구 1,000명당 치과 의사는 0.5명으로 OECD(국제개발기구) 평균 0.7명보다 적다.

치과 의사 면허받기

치과 의사가 되려면 치과대학을 졸업하거나, 일반대학을 졸업하고 치의학 전문 대학원을 졸업한 후 치과 의사 국가시험에 합격하면 면허를 받을 수 있다. 외국 치과 대학을 졸업하고 그 나라 치과 의사 면

허를 받은 사람은 예비 시험을 치르는데, 여기 합격한 사람만 치과 의사 면허 시험을 치를 수 있다.

치과 전문의 자격을 얻기

치과 의사 면허를 얻은 후 인턴 1년, 레지던트 3년의 수련을 마치면 전문의 자격시험을 볼 수 있다. 이 시험을 통과하면 치과 전문의가 된다. 치과 전문의는 그리 많지 않았지만, 최근에는 많은 치과 의사가 전문의 자격을 따고 있다.

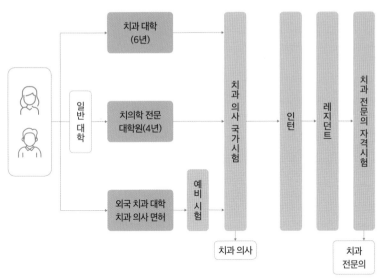

치과 의사 면허와 치과 전문의 자격 얻기

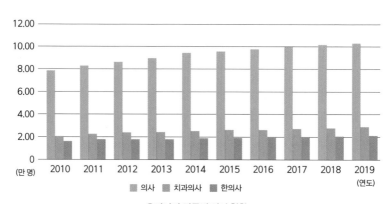

우리나라 직종별 의사 현황

· 교과연계 내용 ·

과목 · 과정	초등학교
5학년 사회	나라의 등장과 발전 / 독창적 문화를 발전시킨 고려 / 민족 문화를 지켜 나간 조선 / 새로운 사회를 향한 움직임 / 일제의 침략과 광복을 위한 노력 / 대한민국 정부의 수립과 6·25전쟁
5학년 실과	일과 직업의 세계 / 자기 이해와 직업 탐색
6학년 사회	민주주의의 발전과 시민 참여 / 세계의 다양한 삶의 모습 / 우리나라와 가까운 나라들

과목 · 과정	중학교
과학1	과학과 나의 미래
과학3	과학 기술과 인류 문명
사회1	개인과 사회생활 / 사회 변동과 사회 문제
역사1	문명의 발생과 고대 세계의 형성 / 세계 종교의 확산과 지역 문화의 형성 / 지역 세계의 교류와 변화 / 제국주의 침략과 국민 국가 건설 운동 / 세계 대전과 사회 변동 / 현대 세계의 전개와 과제
역사2	선사 문화와 고대 국가의 형성 / 남북국 시대의 전개 / 고려의 성립과 변천 / 조선의 성립과 발전 / 조선 사회의 변동 / 근 · 현대 사회의 전개
진로와 직업	일과 직업 세계 이해 / 진로 탐색 / 진로 디자인과 준비

과목 · 과정	고등학교
세계사	인류의 출현과 문명의 발생 / 동아시아 지역의 역사 / 서아시아 · 인도지역의 역사 / 유럽 아메리카 지역의 역사 / 제국주의와 두 차례 세계 대전 / 현대 세계의 변화
동아시아사	동아시아 역사의 시작 / 동아시아 세계의 성립과 변화 / 동아시아의 사회 변동과 문화 교류/ 동아시아의 근대화 운동과 반제국주의 민족 운동 / 오늘날의 동아시아
생활과 윤리	직업과 청렴의 윤리
한국사	전근대 한국사의 이해 / 근대 국민 국가 수립 운동 / 일제 식민지 지배와 민족 운동의 전개 / 대한민국의 발전

미래를 여는 경이로운 직업의 역사

생명을 살리는 직업 I | 의사

초판 1쇄 발행 2021년 11월 12일
초판 3쇄 발행 2022년 11월 7일

지은이	박민규
펴낸이	박유상
펴낸곳	빈빈책방(주)
편집	김연희
디자인	기민주
일러스트	김영혜

등록	제2021-000186호
주소	경기도 고양시 덕양구 중앙로 439 서정프라자 401호
전화	031-8073-9773
팩스	031-8073-9774
이메일	binbinbooks@daum.net
페이스북	/binbinbooks
네이버 블로그	/binbinbooks
인스타그램	@binbinbooks

ISBN 979-11-90105-33-0 44190